Fleurs en relief
en pâte polymère
pour la création de bijoux

Florence MINNE-KHOU

Explications et photos de montages inclus

crea passions com

Creapassions.com
the place to be!

■ recevez gratuitement notre astuce du jour ■ suivez l'actualité de nos ouvrages

■ retrouvez toutes nos collections

Éditrice : Emmanuelle PROT

Tél. : 06 14 19 44 21 / Email : eprot@creapassions.com

Réalisation maquette :

Vitrac & Son Prepress

ISBN 978-2-8141-0164-7

Vitrac & Son Publishing Ltd

11 Welbeck Street

London WIG 9XZ - United Kingdom

www.vitracandson.co.uk

Sommaire

Introduction

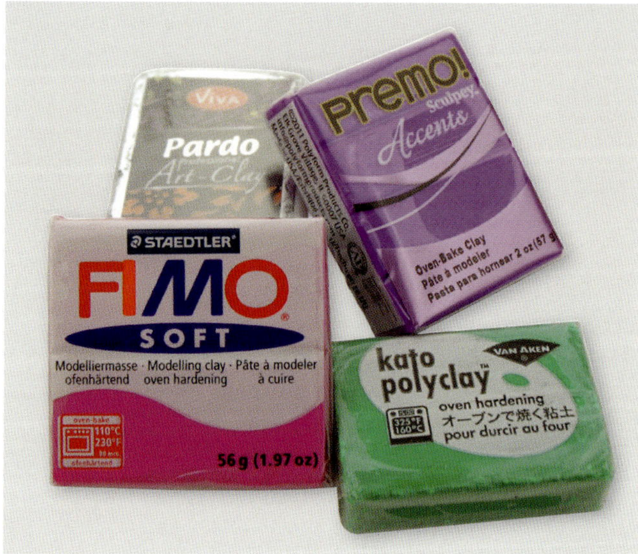

La pâte polymère :

L'argile polymère est une pâte à modeler synthétique contenant du PVC, des pigments liés par un agent plastifiant qui se cuit au four traditionnel à basse température. Ce matériau polyvalent permet de réaliser, grâce à une multitude de techniques, des bijoux, des petites sculptures et des éléments décoratifs dans une palette de couleurs et de textures variées, limitées seulement par votre imagination.

Les marques :

Fimo, Sculpey, Premo, Cernit, Pardo et Kato, mais il y en a d'autres.

Précautions d'utilisation :

La pâte polymère étant toxique quand ingérée, elle est donc déconseillée aux enfants. Il est également important de dédier tout ustensile, matériau ou support utilisé pour la création en pâte polymère exclusivement à cet effet (machine à pâtes, carrelage, cutter, fard à paupières, etc.).

Après chaque utilisation de la pâte, il est conseillé de se laver les mains méticuleusement.

Introduction

Conditionnement :

La pâte polymère doit être conditionnée avant utilisation. Elle peut être malaxée manuellement ou mécaniquement à l'aide d'un rouleau ou d'une machine à pâtes. La pâte doit être malléable, homogène et sans bulles d'air. Le conditionnement de la pâte augmentera la solidité de celle-ci après une cuisson appropriée.

Pour éviter la formation de bulles d'air dans votre pâte polymère, positionnez-la toujours dans la machine à pâtes avec le pli vers le bas ou les côtés. Ainsi, l'air pouvant se trouver entre les deux couches de pâte polymère pourra être évacuée.

Si néanmoins des bulles d'air se forment dans la pâte au moment du conditionnement, percez-les à l'aide d'une aiguille ou d'une lame et repassez là dans la machine à pâtes.

Si la pâte est trop dure ou trop friable, vous pouvez rajouter, avec parcimonie, un assouplisseur pour argiles polymères, style « Sculpey Clay Softener » ou « Mix Quick » de Fimo.

Table approximative de mesure de machine à pâtes :

1er cran	Plus épais	2,7 mm
2ème cran	Épais	2,5 mm
3ème cran	Moyenne épaisseur	2 mm
4ème cran	Moyen	1,5 mm
5ème cran	Moyennement fin	1,2 mm
6ème cran	Fin	1 mm
7ème cran	Très fin	0,7 mm
8ème cran	Ultra fin	0,5 mm
9ème cran	Plus fin	0,4 mm

Cuisson :

Selon les marques, la pâte polymère se cuit à des températures variant de 110° à 150°. C'est pourquoi il est impératif de lire et respecter attentivement les consignes d'utilisation du fabriquant. Ce détail est d'autant plus important qu'une température de cuisson dépassant la température recommandée, peut dégager des émanations toxiques. Si un tel cas se produit, il est conseillé de bien aérer le four et la pièce. L'utilisation d'un thermomètre de four indique, de façon certaine, s'il y a une variation entre la température réelle et celle indiquée sur votre thermostat, et aussi si celle-ci ne fluctue pas tout au long de la cuisson.

Introduction

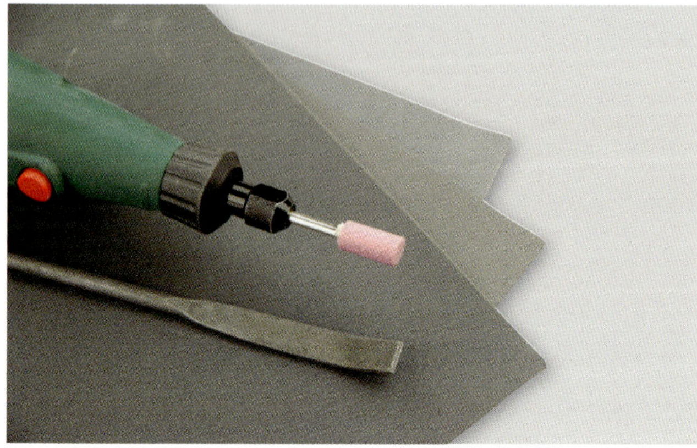

Ponçage :

Le ponçage de la pâte polymère est une étape importante pour la finition parfaite des créations. Il est recommandé d'utiliser du papier de verre de carrossier. C'est un papier abrasif qui s'utilise mouillé. Plus le numéro de grain est élevé, plus le grain est fin. Il est donc conseillé de commencer avec du 400 pour supprimer les défauts, ensuite du 600, 800 et 1000 pour peaufiner la surface ; et (pour les plus courageux) de terminer par du 1200, 1500, et 2000, pour intensifier la brillance lors du lustrage. Le papier abrasif doit être trempé constamment dans un bol rempli d'eau pour enlever les particules du papier et de la surface de la réalisation. Pour plus d'efficacité, l'eau de votre bol doit être changée entre chaque niveau de ponçage et la réalisation rincée. Une goutte de liquide vaisselle peut être rajoutée dans l'eau pour faciliter l'élimination des particules.

Lustrage :

Le lustrage peut se faire manuellement en frottant vigoureusement la réalisation avec un tissu de jeans, de polaire, de microfibre, de peau de chamois, etc. Elle peut également se faire mécaniquement à l'aide d'un outil/perceuse multifonctions muni d'un embout de disques de flanelle ou, mieux encore, car d'une efficacité inégalable, d'un touret à lustrer. Un touret à lustrer fait-maison est très facile et peu onéreux à construire soi-même grâce à une machine à meuler.

Introduction

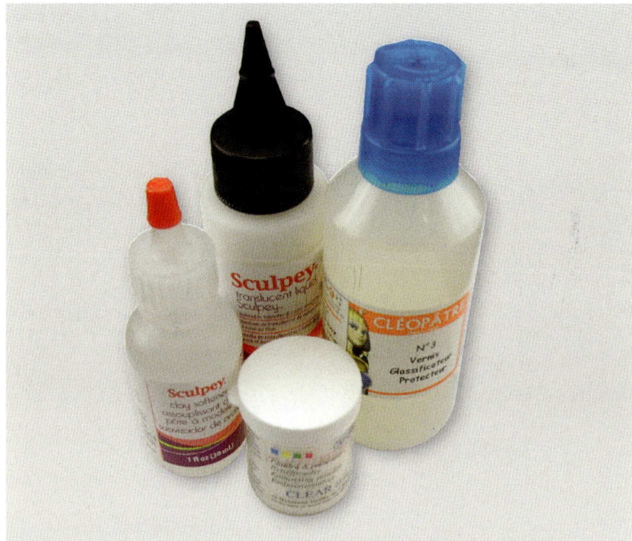

Vernis :

Il n'est pas nécessaire de vernir après un ponçage et un lustrage en bonne et due forme. Par contre, il est recommandé de vernir les réalisations peintes, nacrées, ou comportant des incrustations. Pour éviter que vos réalisations ne deviennent collantes dans la durée, il est impératif d'utiliser un vernis approprié sur de la pâte polymère cuite.

Les grandes marques de pâtes polymère, tels que Fimo, Sculpey et Cernit proposent toutes des vernis. Le Vernis Glassificateur de Cléopâtre et le Glossy accents de Ranger sont également appropriés.

Un glaçage peut également être réalisé à l'aide de résine, de poudre à embosser transparente ou de polymère liquide.

Fournitures

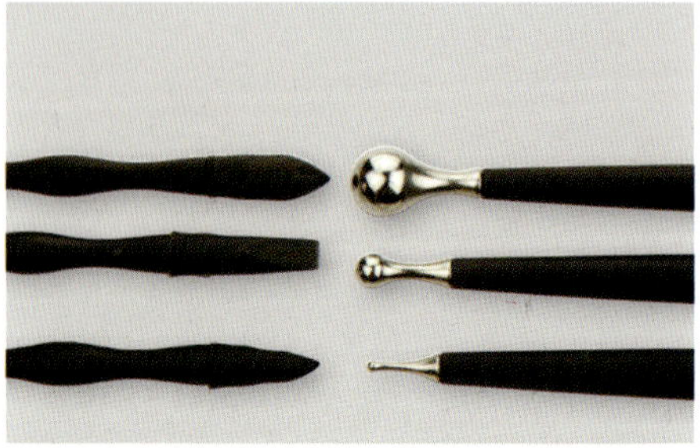

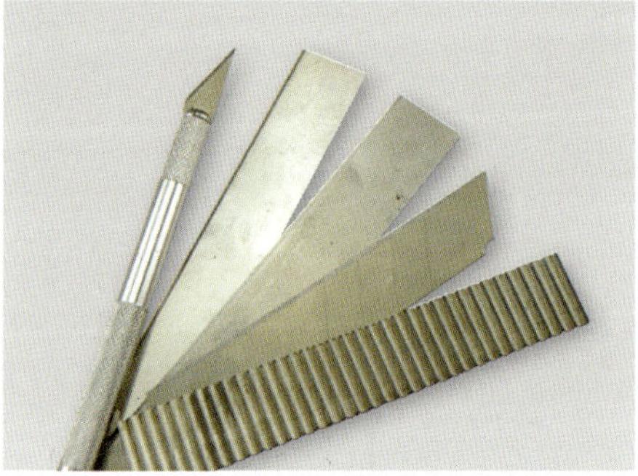

Matériel de base :

- De la bonne humeur, et beaucoup de patience !
- Machine à pâtes - utilisée exclusivement à cet effet
- Rouleau - en acrylique ou en métal
- Lames - droites inoxydables tranchantes
- Carreau de céramique lisse - plan de travail
- Four - réservé uniquement à cet effet et à chaleur tournante si possible
- Film plastique alimentaire
- Papier sulfurisé
- Papier de verre de carrossier - 400 - 600 - 800 - 1000

Matériel utilisé dans ce livre : (Voir le lexique page 126 pour plus de détails)

- De la passion, de la créativité et de la persévérance !
- Assouplisseur pour argiles polymères - « Sculpey Clay Softener » ou « Mix Quick » de Fimo
- Carré de mousse en caoutchouc
- Colle « Bake and bond » à cuire de Sculpey
- Colle à bijoux, colle super glue
- Coupon d'ouatine de 2 à 3 cm d'épaisseur (pour les pâtes polymère ne se cuisant pas à plus de 130 °C)
- Cutter de précision
- Ébauchoirs à boules, aiguille, et en silicone
- Encres à alcool - Rangers ou Piñata
- Emporte-pièces - traditionnels et à piston
- Éponge en mousse - en latex blanc (pour démaquillage)
- Extrudeuse - pistolet à pâtes de la marque Makin's Clay

Fournitures

- Feutres indélébiles - Posca
- Fil métallique en cuivre ou en laiton de 0,3 mm, et de 0,5 mm
- Floral tape - ruban de fleuriste en crépon ciré
- Outil de modelage - ébauchoirs en silicone, boules métalliques, aiguilles, bâtonnet
- Pastels secs (en poudre)
- Perceuse/outil multifonction
- Pistolet à colle chaude
- Pistolet à air chaud
- Pinceaux à poils souples et à poils dur
- Pinces à bijoux - coupantes, à bouts ronds, et à bout plats
- Poudre Pearl Ex, lumière ou fard à paupières
- Pâte adhésive « Patafix »
- Perles et apprêts
- Pâte polymère liquide Sculpey
- Sable coloré
- Talc
- Thermomètre de four
- Vernis
- Une famille compréhensive !

Texture de fleur

Fournitures :
- 1 pain de pâte polymère
- 1 grosse aiguille métallique de 1 mm de diamètre

Photo 1

Pour créer un moule « texture de fleur », conditionnez l'équivalent d'un pain de pâte polymère en le passant dans la machine à pâtes sur la plus grosse épaisseur.

Découpez quatre carrés d'environ 5 cm^2 puis superposez deux carrés l'un sur l'autre. Assurez-vous que vos carrés soient bien soudés l'un à l'autre.

Commencez votre texture sur le haut du milieu du carré. Munissez-vous d'une grosse aiguille (positionnée à l'horizontale par apport à votre pâte polymère), et réalisez des trainées en forme de légères vagues (partant du haut vers le bas).

conseil :

Afin de réaliser une texture au look plus naturel, exécutez des mouvements ondulatoires non-uniformes, entrecoupés, et de profondeurs (pressions) différents.

Photo 2

À un quart du bord du carré, réalisez des sillons diagonaux pour une texture en forme d'éventail. Ce motif conviendra à toutes les tailles de pétales. Ensuite, texturez de la même manière l'autre côté du carré.

Photo3

Afin de réaliser un deuxième moule, refaites la même opération sur votre deuxième carré de pâte polymère. Ainsi vous pourrez texturer deux côtés d'un pétale en un seul geste.

Mettez vos moules à cuire au four pendant 30 minutes minimum, sur une plaque de cuisson recouverte de feuille de silicone ou de papier sulfurisé, à la température recommandée.

Feuille décorative

Fournitures :

- 2 barrettes de pâte polymère verte
- 1 emporte-pièce goutte de la taille de votre choix
- 1 grosse aiguille métallique de 1 mm de diamètre
- 1 bobine de fil en métal de 0,5 mm (couleur au choix)
- 1 pinceau rond à poils souple
- 1 pastel vert (réduit en poudre)

Photo 1

Afin de réaliser les tiges, découpez un brin de fil métallique d'environ 5 cm de longueur. Puis, à l'aide d'une pince à bouts ronds, repliez un bout de chaque tige pour former une goutte. Cette opération permettra de fixer la tige dans la pâte polymère sans qu'elle se détache.

Pour créer une feuille décorative, conditionnez deux barrettes de pâte polymère verte en la passant dans la machine à pâtes sur le 5ème cran.

À l'aide de votre emporte-pièce, découpez deux gouttes (par feuille), puis fixez la tige (côté arrondi) sur la première goutte. Superposez les deux gouttes en veillant de bien les aligner. Lissez et soudez les bords des deux gouttes pour former une feuille.

Photo 2

Muni d'une aiguille (positionnée à l'horizontale) réalisez une rainure centrale sur la feuille, puis effectuez les rainures latérales diagonales sur chaque coté.

Feuille décorative

Photo 3

Sur le bord externe de la feuille, créez des légères encoches à chaque rainure latérale.

Photo 4

Si vous le désirez vous pouvez créer de fines dentelures en tailladant en diagonale, à l'aide de votre lame, les bords externes de la feuille.

Vous pouvez également pincer délicatement le bout de la feuille pour lui donner un côté plus pointu.

Photo 5

À l'aide d'un pinceau à poils souples, patinez votre feuille de touches de couleur verte plus foncée grâce à du pastel sec réduit en poudre.

Pour un look plus naturel, recourbez et donnez un mouvement à votre feuille.

Mettez vos feuilles à cuire au four pendant 30 minutes minimum, sur une plaque de cuisson recouverte de feuille de silicone ou de papier sulfurisé, à la température recommandée.

Cherry

Cherry

Fournitures :

- 2 barrettes de pâte polymère rose ou de la couleur de votre choix
- 1/8 de barrette de pâte polymère - pour les anthères bordeaux (ou couleur au choix)
- 1 petit emporte-pièce rond de 4 mm de diamètre ou une paille
- 1 petit emporte-pièce fleur arrondie - à 5 pétales (18 mm de diamètre)
- 3 ébauchoirs à boule Sculpey - petite moyenne et grande taille
- 1 ébauchoir en silicone à moyen bout pointu (ou le côté inverse de l'ébauchoir à petite boule)
- 1 aiguille de 1 mm de diamètre
- 1 pinceau pointu à poils souple
- 1 pinceau rond à poils souple
- 1 carré mousse en caoutchouc
- 1 flacon de polymère liquide
- 1 boite de pastels secs
- 1 bobine de fil de cuivré teinté de 0,50 mm - pour les étamines - (couleur au choix)
- 1 pince à bijoux à bouts ronds
- 1 éponge en mousse blanche épaisse pour démaquillage
- 1 plaque d'ouatine de 3 cm d'épaisseur (recommandé pour les pâtes ne se cuisant pas à plus de 130°)

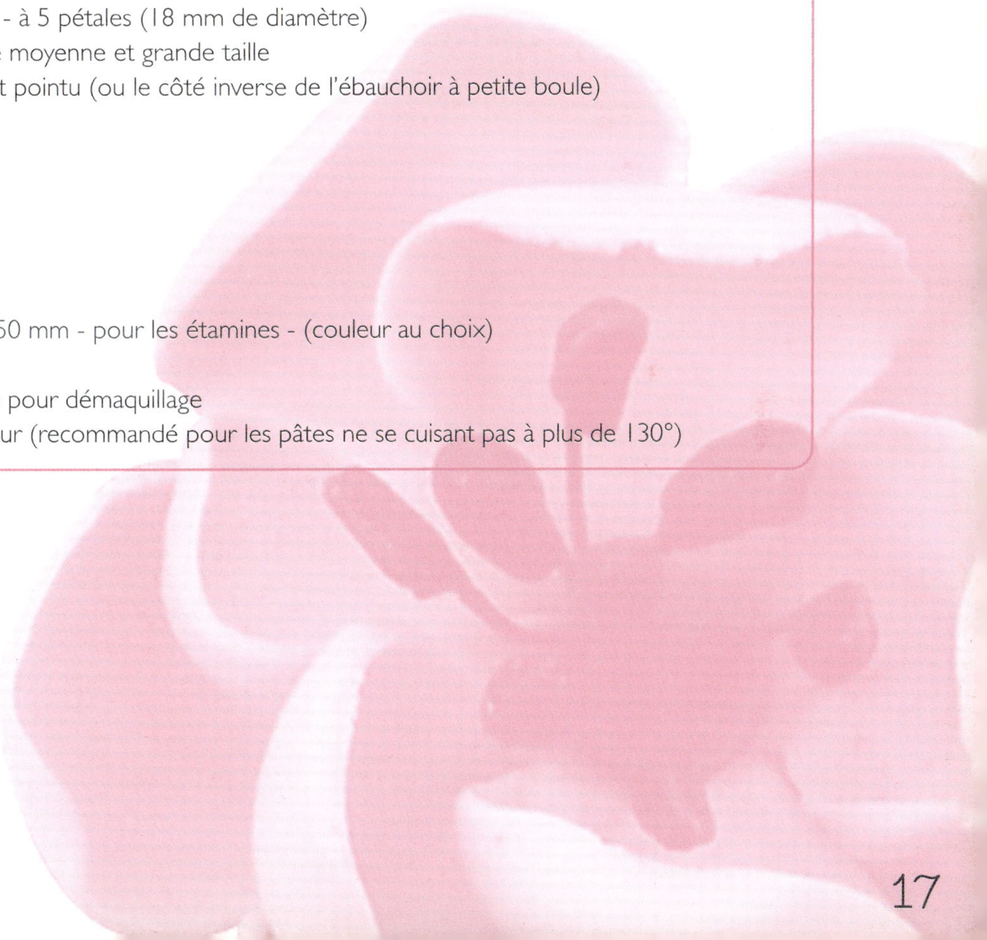

Cherry

Photo 1

Pour créer la fleur Cherry, conditionnez 2 barrettes de pâte polymère dans le ton de votre choix. Passez votre pâte dans la machine à pâtes sur le 4ème cran. Ensuite, à l'aide d'un petit emporte-pièce fleur, découpez autant de fleurs (par multiple de deux) que vous désirez réaliser pour votre bijou. Assurez-vous que les bords de vos découpes soient lisses et sans défaut.

Photo 2

Posez une fleur sur un carré de mousse et à l'aide de l'ébauchoir à grosse boule (placée à cheval sur la pâte et le carré de mousse), affinez un maximum vos pétales. En suivant la courbe, faites glisser votre boule d'un côté d'un pétale à l'autre.

NB : Quand vous affinez des pétales à l'extrême, ceux-ci vont s'élargir (voire doubler de volume). Assurez-vous donc que les pétales restent bien séparés les uns des autres. Si nécessaire, talquez très légèrement la fleur à l'aide d'un pinceau rond à poils souples.

Photo 3

À l'aide de votre ébauchoir à moyenne boule, courbez le milieu du pétale en effectuant un mouvement rotatif.

Cherry

Photo 4

Pour créer une fleur Cherry, vous devez superposer deux fleurs. Choisissez-en avec des formes différentes. La fleur du dessous devra également, être un peu plus large et ouverte que celle du dessus. Vous pouvez vous servir de votre pinceau (rond à poil souple) pour obtenir le mouvement voulu des pétales.

Photo 5

Talquez très légèrement vos deux fleurs à l'aide de votre pinceau (hormis le centre). Superposez les deux fleurs avec précaution, en vous assurant que les pétales soient placés en quinconce.

Photo 6

Placez la double fleur sur une éponge en mousse épaisse et à l'aide de votre ébauchoir à fin bout pointu, pressez délicatement sur le centre de la fleur. Ce mouvement creusera celle-ci, et resserrera les pétales vers le centre. Attention de ne pas déchirer la pâte en faisant un mouvement trop brusque.

Photo 7

Soulevez délicatement la fleur de votre éponge en mousse et remodelez la pointe pour lui donner une forme harmonieuse.

Cherry

Photo 8

À l'aide d'un pinceau pointu à poils souples, appliquez de la poudre de pastel sec dans le cœur de la fleur (de la couleur de votre choix).

Ensuite faites un trou à l'aide d'une grosse aiguille (d'1 mm de diamètre) au centre de la fleur.

Pour un look plus naturel, assurez-vous que les mouvements de vos pétales soient hétérogènes.

Placez délicatement vos fleurs sur un morceau d'ouatine. Ainsi leurs formes seront préservées pendant la cuisson. Mettez-les à cuire au four pendant 30 minutes minimum à la température recommandée.

Photo 9

Pour créer les étamines, découpez 6 tiges de laiton émaillé (pour chaque fleur) d'environ 5 cm de longueur. Avec une pince à bouts ronds, repliez un bout de chaque tige pour former une goutte. Trempez chaque pistil dans du polymère fluidifié bordeaux foncé (voir page 106).

Assemblez les six pistils cuits en vous assurant que les anthères soient à la même hauteur. Tenez ceux-ci fermement et tortillez les tiges ensemble (à un centimètre du haut) pour n'en former qu'une.

Ensuite arrangez les étamines en éventail, de façon harmonieuse.

Cherry

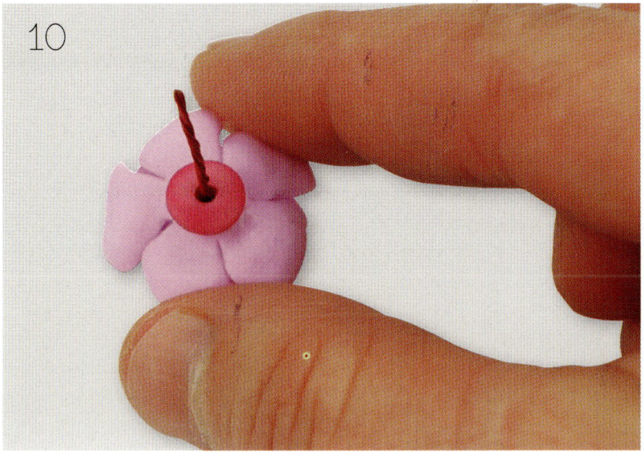

Photo 10

Insérez la tige d'étamines dans le trou de la fleur.
À l'aide de votre petit emporte-pièce rond, découpez un petit disque de pâte polymère de la couleur de votre choix (machine à pâtes 4ème cran).

Mettez une goutte de colle « Bake and bond » sur le pourtour externe du trou de la fleur et sur la tige métallique.

Perforez le milieu du disque à l'aide d'une aiguille et placez-le sur la tige de votre fleur. Faites adhérer la pâte polymère sur la tige et la fleur. Assurez-vous que le tout soit solidement fixé l'un à l'autre.

Refaites cuire votre fleur Cherry pendant 30 minutes à la température recommandée.

Photo 11

Vous pouvez monter votre fleur Cherry sur un pendentif médaillon, avec un dôme de verre. Pour ce faire, collez votre fleur sur le centre du médaillon avec de la colle à bijoux.

Assurez-vous que la fleur soit bien centrée et bien positionnée. Quand la fleur est solidement ancrée sur votre médaillon, rajoutez minutieusement un filet de colle sur le pourtour de votre dôme de verre et placez-le sur le médaillon.

Pour finir, il ne vous reste plus qu'à suspendre votre médaillon sur une attache appropriée et une jolie chaine décorative.

Campanule

Campanule

Fournitures :

- 1 demi-pain de pâte polymère lilas ou de la couleur de votre choix
- 1 barrette de pain de pâte polymère vert tendre
- 1 petit emporte-pièce rond de 4 mm de diamètre ou une paille
- 1 moyen emporte pièces fleur-étoile à 5 pétales (3 cm de diamètre)
- 1 petit emporte pièces fleur-étoile à 5 pétales (1,7 cm de diamètre)
- 2 ébauchoirs à boule Sculpey petite et grande taille
- 1 ébauchoir aiguille ou une grosse aiguille (1 mm d'épaisseur)
- 1 pinceau rond à poils souples
- 1 carré mousse en caoutchouc
- 1 sachet sable teinté vert ou jaune
- 1 flacon de polymère liquide
- 1 bobine de fil de laiton teinté de 0,30 mm - pour les étamines (couleur au choix)
- 1 pince à bijoux à bouts ronds
- 1 éponge en mousse blanche épaisse pour démaquillage
- 1 plaque d'ouatine de 3 cm d'épaisseur (recommandée pour les pâtes ne se cuisant pas à plus de 130°C)
- Une bobine de ruban de « floral tape »

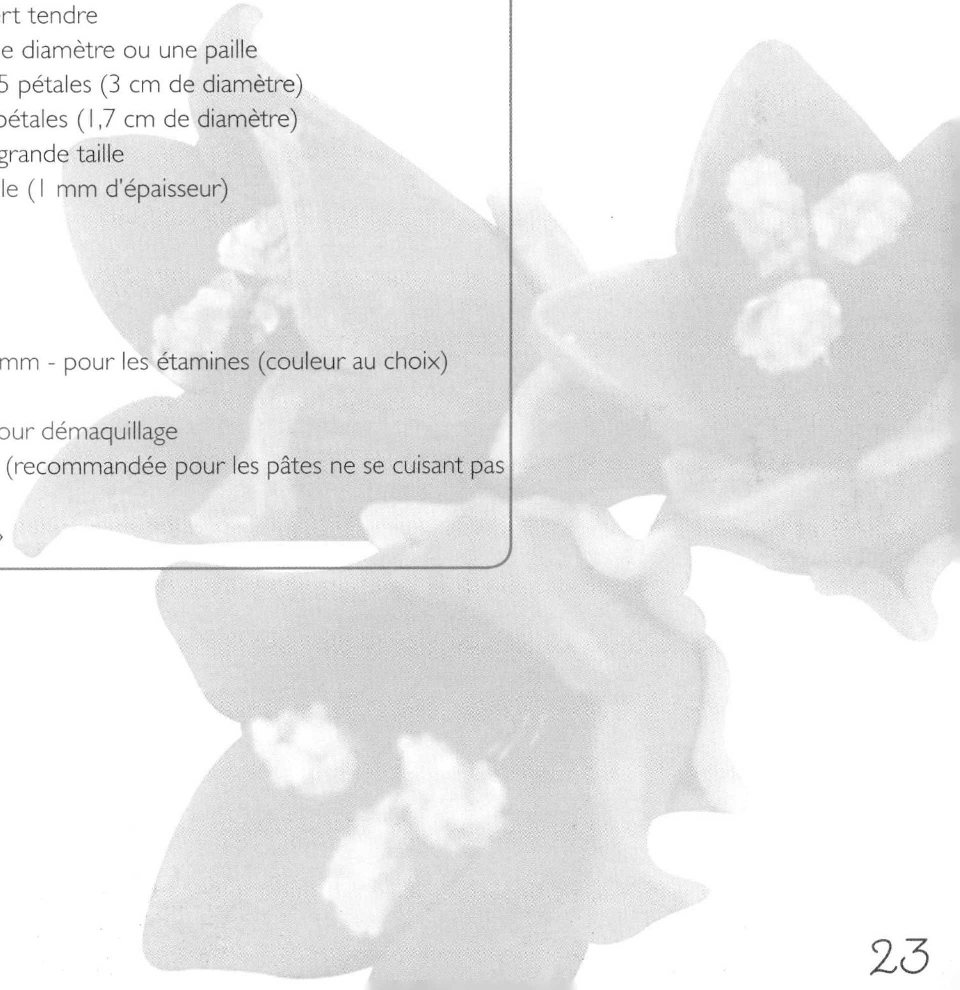

Campanule

Photo 1

Pour créer la clochette de campanule, conditionnez ½ pain de pâte polymère dans le ton de votre choix. Passez votre pâte dans la machine à pâtes sur le 4ème cran. Ensuite, à l'aide d'un moyen emporte-pièce fleur étoile à 5 pétales (d'environ 3 cm), découpez autant d'étoiles que vous désirez réaliser pour votre bijou.

important :

Quand vous réalisez cette opération : laissez la pâte bouger librement sur votre mousse. Si celle-ci reste collée au support, le relief ne sera pas harmonieux.

Photo 2

Assurez-vous que les bords de vos découpes soient lisses et sans défauts. Posez une fleur étoile sur un carré de mousse et à l'aide de l'ébauchoir à large boule, affinez les bords de vos pétales. Commencez par la pointe d'un pétale et redescendez vers le centre. Le geste doit être fluide et précis. La boule (placée à cheval sur la pâte et le carré de mousse) doit glisser sur la pâte sans accrocher. Ce geste précis recourbera vos pétales vers le centre de la fleur, lui donnant ainsi déjà un joli mouvement arrondi.

Campanule

Photo 3

Afin de renforcer l'arrondi de chaque pétale, refaites la même opération de la pointe de chaque pétale vers le centre. Assurez-vous de ne pas trop presser sur votre boule afin de ne pas fragiliser la pâte en la rendant trop fine.

Photo 4

Découpez à l'aide de votre emporte-pièce rond autant de découpes que vous avez de fleurs. Placez un disque au centre de chaque envers de fleur (c'est-à-dire du côté convexe). Cette opération permettra de solidifier le cœur de la fleur et d'éviter tout déchirement ou fragilisation de la pâte.

Photo 5

Prenez le côté pointu de votre large ébauchoir à boule et pressez légèrement celui-ci au centre du disque. Ensuite, rabattez légèrement les pétales vers la tige de l'ébauchoir. Vous pouvez utiliser l'éponge en mousse (voir photo 21 page 31) ou seulement utiliser vos doigts selon votre préférence.

Campanule

Photo 6

Prenez délicatement votre fleur et pincez à l'aide de votre pouce et votre index chaque côté de pétales entre elles. Important : assurez-vous de ne pincer/souder les pétales que jusqu'au commencement des pointes arrondies, laissant ainsi les pointes libres.

Photo 7

Cette étape terminée, vous devez déjà avoir une forme de clochette.

Photo 8

Pour parfaire votre clochette, replacez-la sur votre ébauchoir à large embout pointu (légèrement talqué). Resserrez le haut de la clochette sur l'embout en pressant le haut avec des mouvements rotatifs et réguliers (afin de ne pas déformer les pétales de la fleur).

astuce :

Si votre pâte est trop molle et colle à votre ébauchoir, mettez vos découpes au frigo pendant 10 minutes. Ensuite, à l'aide d'un pinceau souple, talquez légèrement vos découpes. Attention de ne pas en mettre sur les bords de votre fleur, sinon la phase suivante sera compromise.

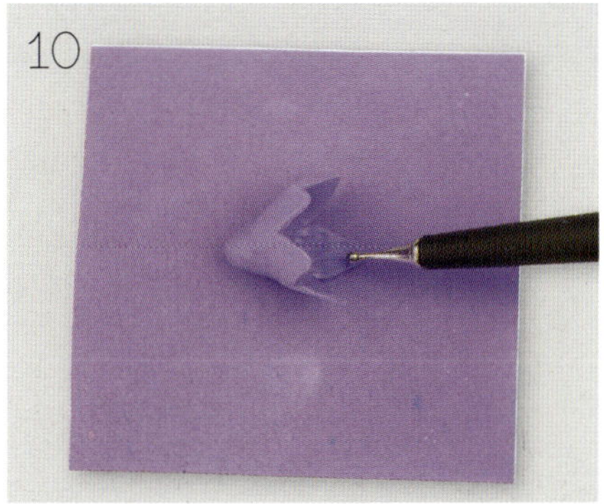

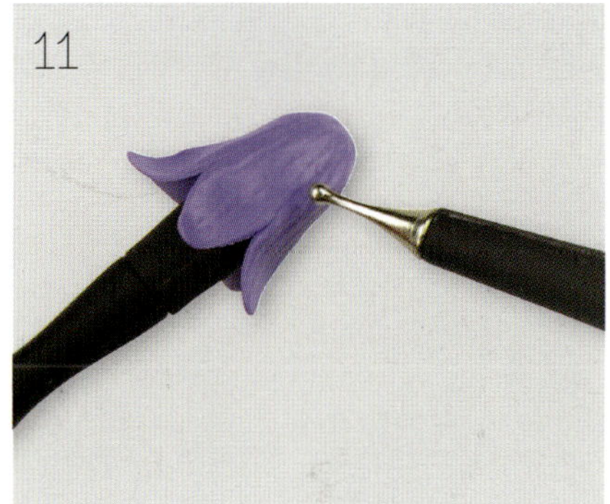

Photo 9

Modelez le haut de la fleur pour lui donner un côté arrondi. Ensuite assurez-vous que tous les bords pincés des pétales soient bien soudés entre eux. Lissez le tout avec le doigt tout en gardant le côté légèrement courbé des pointes des pétales.

Photo 10

Placez votre fleur sur le carré de mousse et à l'aide d'un petit ébauchoir à boule, striez l'intérieur de la fleur. Attention de ne pas écorcher la pâte en appuyant trop fort (au besoin talquez légèrement votre fleur). Votre stylet doit être positionné presque à l'horizontale et effleurer la pâte dans des mouvements linéaires, souples et fluides.

Photo 11

Remettez votre fleur délicatement sur votre large ébauchoir à embout pointu et refaites la même opération pour strier l'extérieur de la fleur. Partez du haut de la fleur et descendez jusqu'à la pointe de chaque pétale.

Campanule

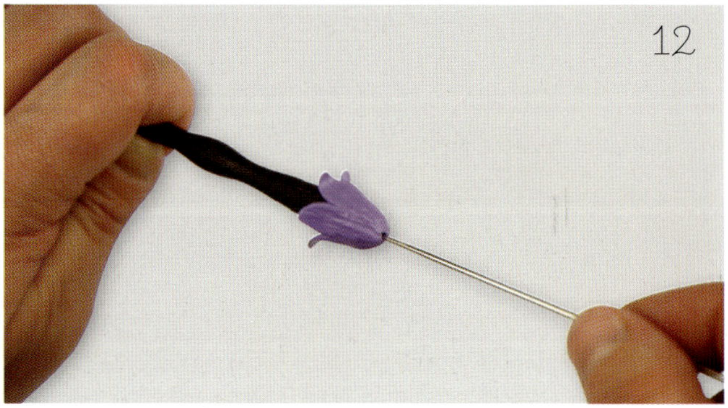

Photo 12

Percez le bout de votre fleur à l'aide dune grosse aiguille en vous assurant que le trou soit d'environ 1,5 millimètre de diamètre.

Avant de cuire vos fleurs, assurez-vous que leur forme vous plaise, qu'elle ne comporte pas de défaut, et que le mouvement des clochettes soit harmonieux.

Placez délicatement vos fleurs la tête en bas sur un morceau d'ouatine. Ainsi leur forme sera préservée pendant la cuisson. Si vous n'avez pas d'ouatine, mettez vos fleurs sur une feuille de silicone ou sur une couche épaisse de bicarbonate de soude.

Important : l'ouatine ne supporte des températures supérieures à 130°. Veillez à respecter cette consigne de prudence.

Mettez vos clochettes à cuire au four pendant 30 minutes minimum à la température recommandée.

conseil :

Si vous n'avez pas d'aiguille assez grosse, élargissez le trou en faisant des mouvements circulaires réguliers. N'oubliez pas que le trou doit être de taille égale de part en part. Sinon, vous risquez de ne pas pouvoir insérer les pistils par la suite et de devoir agrandir le trou à l'aide d'une mini perceuse.

Campanule

Photo 13

Pour la réalisation des sépales, conditionnez 2 barrettes de pâte polymère dans la couleur de votre choix. Passez votre pâte dans la machine à pâtes sur le 4ème cran. Ensuite, à l'aide d'un petit emporte-pièce fleur étoile, à 5 pétales (d'environ 1,5 cm), découpez autant de étoiles que vous avez de fleurs. Assurez-vous que les bords de vos découpes soient lisses et sans défaut.

Photo 14

Placez un sépale sur le carré de mousse et, à l'aide d'un ébauchoir aiguille (ou d'une grosse aiguille d'environ 1 mm d'épaisseur), créez une démarcation au centre de chaque pointe (n'allez pas jusqu'au centre de l'étoile). Assurez-vous de bien tenir votre aiguille presque horizontalement en pressant sur la pâte, juste assez pour y laisser une marque semi-profonde, mais sans trop fragiliser la pâte.

Photo 15

Pincez chaque pointe de l'étoile vers le haut pour former un sépale fin et concave. Repincez le bout pour l'affiner et former une jolie pointe.

Campanule

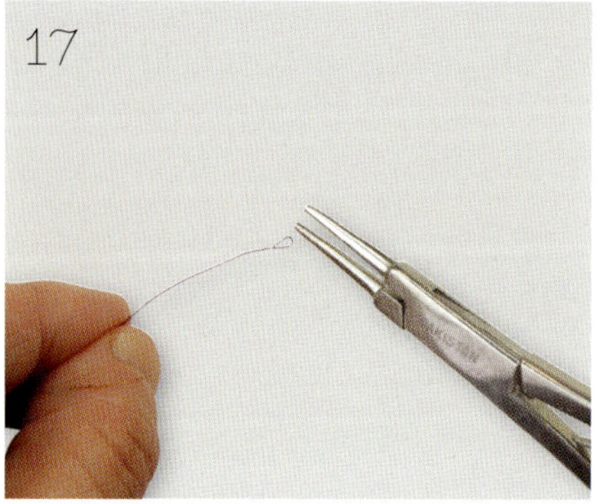

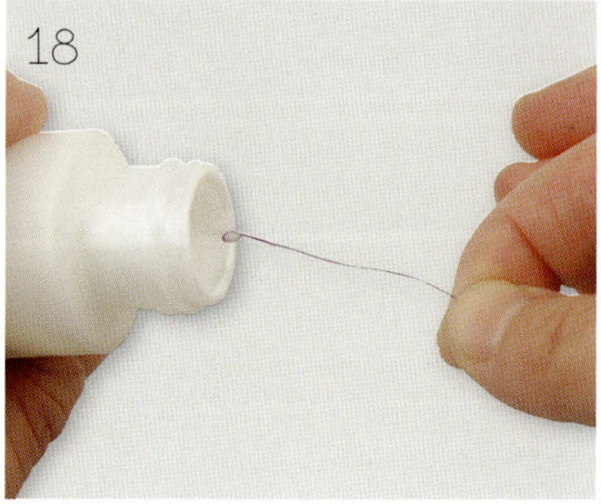

Photo 16

Découpez à l'aide de votre emporte-pièce rond autant de découpes que vous avez de sépales. Placez délicatement un disque sur chaque envers de sépales (c'est-à-dire du côté convexe). Cette opération permettra de solidifier le cœur du sépale et d'éviter tout déchirement ou fragilisation de la pâte. Mettez-les de côté pendant l'opération suivante (à l'air libre ou au frigo, selon la consistance de votre pâte)

Photo 17

Pour créer les étamines, découpez 3 tiges de laiton émaillé (pour chaque fleur) d'environ 5 cm de longueur. Avec une pince à bouts ronds, repliez un bout de chaque tige pour former une goutte. Cette opération permettra au polymère liquide de bien adhérer (sans se détacher).

Photo 18

Prenez chaque tige et trempez le bout en forme de goutte dans du polymère liquide. Pour que le pistil soit petit et délicat, ne l'enrobez pas trop. Si vous avez trop de polymère liquide sur le bout, essuyez délicatement le surplus avec le coin d'un mouchoir en papier.

Campanule

19

20

21

Photo 19

Ensuite, trempez délicatement votre tige dans du sable coloré (pour former les grains de pollen) en vous assurant que le bout métallique soit bien recouvert. Si la mixture polymère liquide/sable ne forme pas une jolie petite goutte, remodelez-la délicatement. Quand vous êtes satisfait du résultat, mettez chaque pistil aligné sur une plaque de cuisson recouverte de feuille de silicone. Mettez-les à cuire au four pendant 30 minutes minimum à la température recommandée.

Photo 20

Après cuisson, assemblez trois pistils ensemble en vous assurant que les bouts sablés soient à la même hauteur. Ensuite, en tenant ceux-ci fermement, tortillez les tiges ensemble pour n'en former qu'une. Recommencez l'opération pour chaque pistil.

Photo 21

Reprenez vos sépales, placez-en un (côté creux vers le haut) sur une éponge en mousse épaisse et, à l'aide du large ébauchoir à embout pointu, pressez délicatement sur l'éponge. Ce mouvement creusera d'avantage votre sépale et lui donnera une jolie pointe. Percez vos sépales avec la grosse aiguille.

Campanule

Photo 22

Pour assembler votre clochette, prenez le trio de pistils assemblés et à l'aide d'une pince à bout rond, formez une boucle vers le milieu de la tige. La boucle devrait être placée de façon à ce que les pistils ne dépassent pas le haut de la fleur.

Photo 23

Insérez votre tige dans votre clochette, puis votre sépale percé (côté concave vers la clochette).

Photo 24

À l'aide d'un petit ébauchoir à boule, striez votre sépale en partant du haut et en descendant vers chaque pointe. Attention de ne pas écorcher la pâte en appuyant trop fort (au besoin talquez-le légèrement au pinceau). Pincez une dernière fois le bout des pointes et corrigez les imperfections si nécessaires.

Mettez vos clochettes à cuire au four (sur un morceau d'ouatine) pendant minimum 30 minutes à la température recommandée.

Campanule

Photo 25

Pour la finition et le montage d'un collier de campanules, munissez-vous de ruban de « floral tape » (voir lexique page 126) et de votre première fleur. Tenez votre ruban d'une main et votre tige de l'autre, ancrez votre ruban sur la tige et enroulez-le ruban en tournant la tige d'un tour complet.

NB : le ruban doit coller comme une seconde peau sur la tige. Si tel n'est pas le cas, recommencez l'opération.

Photo 26

Positionnez une deuxième campanule, un peu plus bas, sur le ruban de « floral tape » en vous assurant de cacher le plus possible la tige métallique. Ensuite, enroulez le ruban sur les deux tiges d'un tour complet (en les resserrant le plus étroitement possible).

conseils :

Si votre morceau ruban de « floral tape » est trop court, aucun souci, vous pouvez ancrer un nouveau morceau sur le premier, le raccord sera quasi invisible.
Si votre ruban se déchire, coupez-le bout avec des ciseaux pour une finition parfaite, et faites un raccord.

Campanule

Photo 27

Rajoutez une troisième campanule, et recommencez l'opération. Assurez-vous AVANT chaque rajout de fleurs que l'assemblage soit harmonieux.

Photo 28

Assemblez autant de campanules que vous désirez grâce à votre ruban de « floral tape ». Quand vous êtes satisfait de la réalisation de votre petit bouquet, ancrez-celui-ci à l'aide du ruban sur votre tour de cou.

Enroulez votre ruban sur le restant des tiges en les faisant dépasser d'un centimètre sur le tour de cou pour parfaire la solidité et la finition du montage.

astuce :

Si vos tiges sont trop épaisses et rendent le montage trop difficile ou peu esthétique, déroulez les 3 tiges de chaque campanule et coupez une des trois tiges (au ¾) afin de les affiner. Faites néanmoins attention de ne pas fragiliser l'ensemble de la fleur.

Capucine

Capucine

Fournitures :

- ½ pain de pâte polymère dans les tons orangés ou jaunes
- 1 barrette de pâte polymère jaune
- De la colle « Bake and bond »
- 1 emporte-pièce goutte de 4 cm de hauteur
- 1 petit emporte-pièce fleur étoile - à 5 pétales (1,7 cm de diamètre)
- 1 cutter de précision
- 1 ébauchoir à boule Sculpey - petite taille
- 1 grosse aiguille d'1 mm d'épaisseur
- 1 carré mousse en caoutchouc
- 1 bobine de fil de laiton teinté de 0,30 mm - pour les étamines (couleur au choix)
- 1 pince à bijoux à bouts ronds
- 1 éponge en mousse blanche épaisse (voir lexique page 126)
- 1 plaque d'ouatine de 3 cm d'épaisseur (recommandé pour les pâtes ne se cuisant pas à plus de 130°)

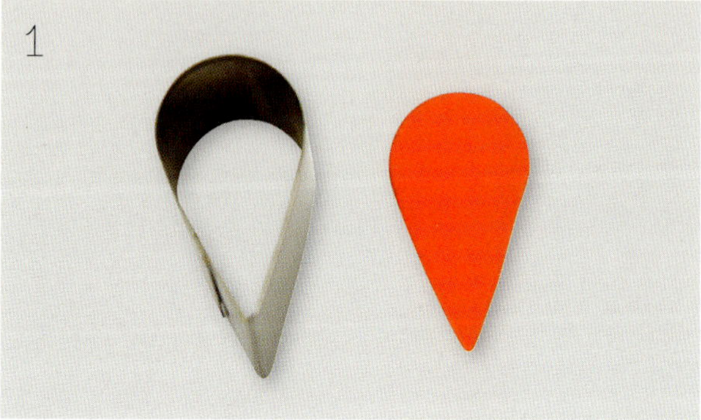

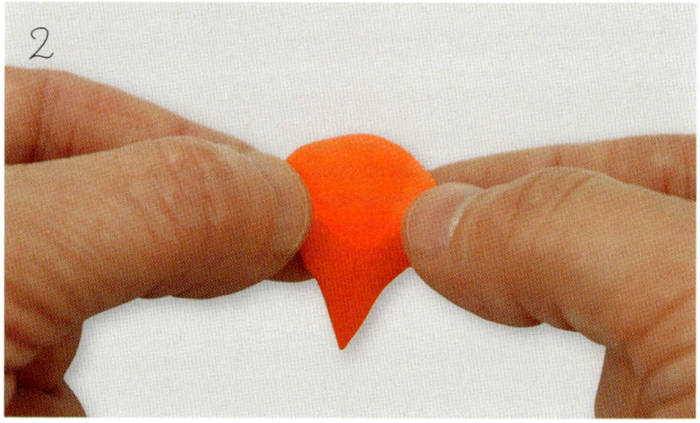

Photo 1

Pour créer la clochette de campanule, conditionnez ½ pain de pâte polymère dans le ton de votre choix. Passez votre pâte dans la machine à pâtes sur le 3ème cran. Ensuite, à l'aide d'un grand emporte-pièce goutte (d'environ 4 cm de hauteur), découpez autant de gouttes (par multiples de 5) que vous désirez réaliser de fleurs.

Photo 2

Assurez-vous que les bords de vos découpes soient lisses et sans défaut. Prenez votre pétale entre vos doigts et pressez sur toute la longueur des bords du pétale pour l'affiner et l'élargir.

Photo 3

Ensuite, pour que le pétale soit plus réaliste, découpez à l'aide d'un cutter de précision quelques encoches sur le haut du pétale. Affinez à nouveau le bord pour qu'il ait un côté arrondi.

Photo 4

Placez votre pétale sur le carré de mousse et, à l'aide du petit ébauchoir à boule, striez (en forme d'éventail) le pétale dans toute sa longueur. Partez de la pointe du pétale jusqu'à son bord arrondi. Votre stylet doit être positionné presque à l'horizontale et effleurer la pâte dans des mouvements linéaires, souples et fluides.

Photo 5

Ancrez le bas de votre pétale de capucine sur une grosse aiguille. Serrez le bas du pétale tout autour de l'aiguille en le roulant entre votre pouce et votre index formant ainsi un tube.

Photo 6

Dès que toutes vos pétales sont réalisés, placez-les délicatement sur chaque cercle bombé du dos d'une assiette à escargots et mettez-les à cuire au four pendant 30 minutes au minimum. Ainsi, vos pétales auront une jolie forme arrondie.

Capucine

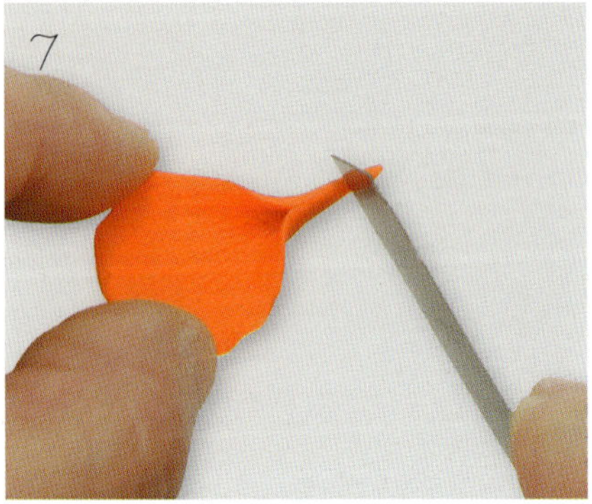

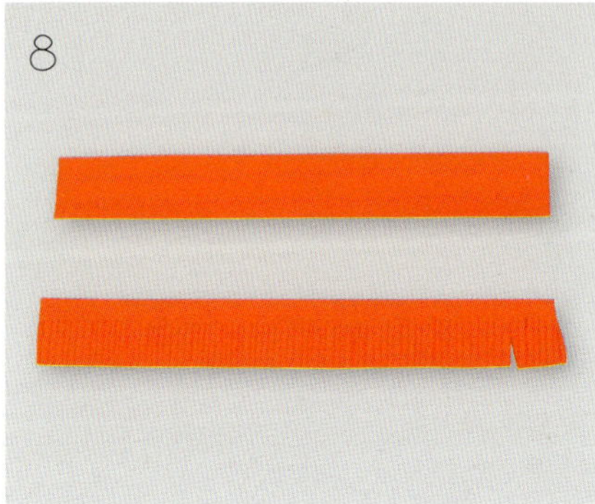

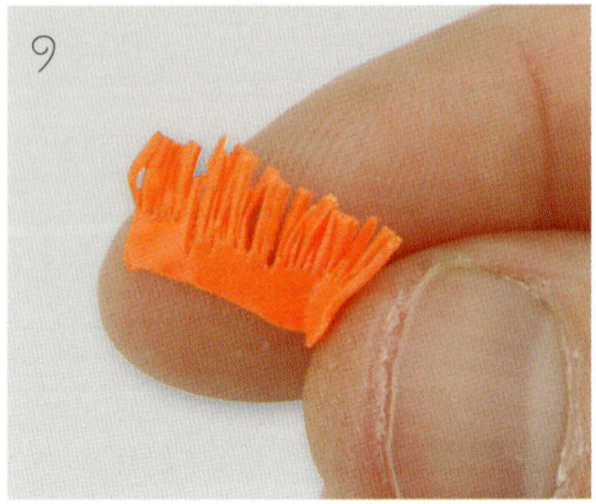

Photo 7

Après cuisson, muni d'une lame, coupez le surplus de pâte polymère du bas des pétales en tube.

Photo 8

Pour réaliser les barbillons des pétales, passez un rectangle de pâte polymère dans votre machine à pâtes sur le 6ème cran. Découpez des longs rectangles d'environ 5 mm de haut. À l'aide de votre lame, réalisez des franges de maximum 1 mm de large (sur le ¾ de la hauteur de la bande).

Photo 9

Découpez des morceaux d'environ 1 cm sur toute la largeur de votre bande. Prenez un morceau entre votre pouce et votre index (les barbillons vers le haut) et resserrez la bande du bas en la froissant ensemble.

Photo 10

Assurez-vous que les barbillons ne collent pas entres eux. Cette manœuvre demande beaucoup de délicatesse. Si besoin, talquez légèrement vos découpes à l'aide d'un pinceau pointu à poils souples.

Pour finir, roulez la tige entre vos doigts pour obtenir un petit colombin. Coupez le colombin avec votre lame au ras des barbillons.

Capucine

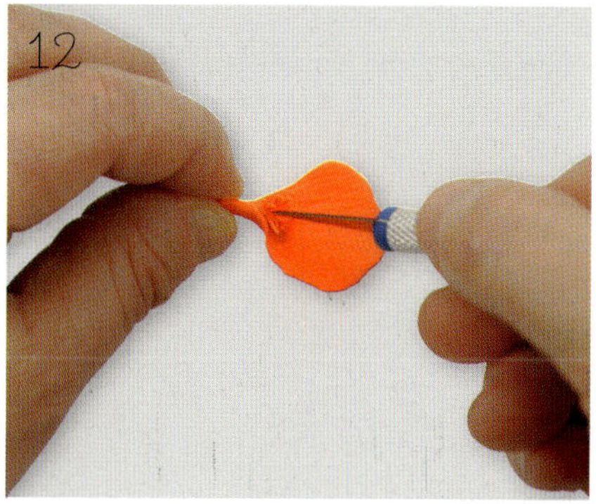

Photo 11

Pour créer l'armature du pétale, découpez 3 tiges de laiton émaillé (pour chaque pétale) d'environ 5 cm de longueur. Avec une pince à bouts ronds, repliez le bout de la tige pour former un cercle et demi complet. Enfilez la tige dans le tube du pétale et faites reposer le cercle dans le creux de celui-ci. Par-dessus, rajoutez une goutte de « Bake and bond » ou de polymère liquide.

Photo 12

Placez l'éventail de barbillons dans le creux du pétale et assurez-vous qu'il soit bien ancré (en prenant bien soin de cacher la boucle du fil de laiton). Vous pouvez vous servir de votre lame de cutter de précision pour séparer et positionner les barbillons de façon harmonieuse.

Remettez tous vos pétales à cuire au four pendant 30 minutes au minimum sur une plaque d'ouatine.

Photo 13

Après cuisson, assemblez les trois pétales du haut de la capucine en tortillant les fils de laiton ensemble. Faites-en de même pour les 2 pétales du bas.

Capucine

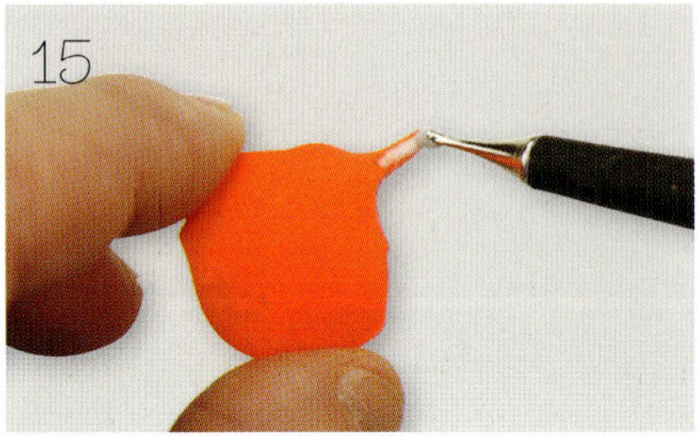

Photo 14

Pour créer la base de la capucine, conditionnez ½ pain de pâte polymère jaune. Passez votre pâte dans la machine à pâtes sur le 1er cran. Ensuite, à l'aide du petit emporte-pièce fleur-étoile, découpez autant d'étoiles que vous désirez réaliser de fleurs.

Pour consolider le cœur de l'étoile, découpez, à l'aide de votre petit emporte-pièce rond, le même nombre de disque.

Positionnez un disque sur le centre de chaque étoile puis, muni d'une grosse aiguille, percez-les en plein centre.

Photo 15

À l'aide de votre ébauchoir à petite boule, mettez un trait de colle « Bake and bond » sur le dos de la tige de chaque pétale.

Photo 16

Enfilez la tige du trio de pétales sur l'étoile jaune et collez délicatement chaque pétale sur une branche de l'étoile. Faites attention de ne pas trop déformer l'étoile (un petit pli à chaque fois devrait suffire).

Photo 17

Répétez la même opération avec le duo de pétales de capucine.

Prenez bien soin à nouveau de bien ancrer la tige de chaque pétale sur les branches restantes de l'étoile.

Capucine

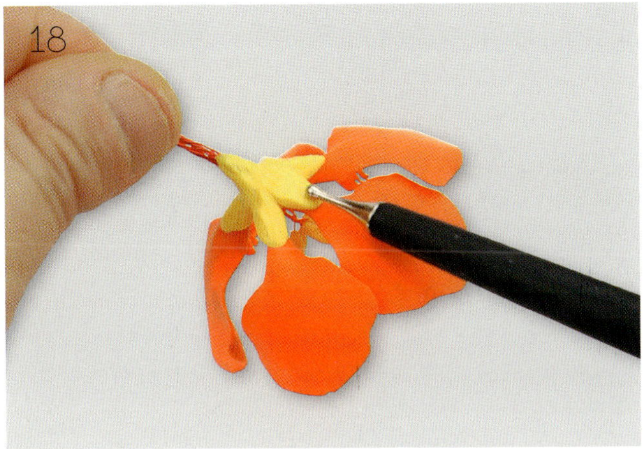

Photo 18

Munissez-vous de votre ébauchoir à petite boule. Avec texturez la base étoilée de la capucine. Pour la solidité de la capucine, assurez-vous de bien souder la pâte à la base de la tige de la fleur.

Mettez-la capucine de côté pendant l'opération suivante (à l'air libre ou au frigo, selon la consistance de votre pâte).

Photo 19

Pour créer les étamines, découpez 5 tiges de laiton émaillé (pour chaque fleur) d'environ 5 cm de longueur. Avec une pince à bouts ronds, repliez un bout de chaque tige pour former une goutte. Cette opération permet à la pâte polymère de bien adhérer (sans se détacher).

Muni de votre petit emporte-pièce rond (ou d'une paille), découpez 3 disques par fleur. Avec votre lame, découpez chaque disque en deux, puis formez une petite boule. Prenez celle-ci et aplatissez-la sur la partie arrondie de la tige. Formez un bout arrondi sur le haut et affinez le bas en le tournant entre le pouce et l'index. Vous devez obtenir une forme de goutte.

Mettez vos pistils à cuire au four pendant environ 20 minutes à la température recommandée.

Après la cuisson, assemblez cinq pistils ensemble en tenant ceux-ci fermement par les gouttes jaunes. Tortillez les tiges ensemble pour n'en former qu'une.

Photo 20

Insérez vos pistils assemblés délicatement dans le centre de la capucine. Réajustez les pétales pour former une fleur harmonieuse.

Quand vous êtes satisfait du résultat, mettez la capucine à cuire sur une plaque d'ouatine. Mettez vos capucines à cuire au four pendant minimum 30 minutes à la température recommandée.

Photo 21

Pour le montage d'une capucine sur un tour de résille, munissez-vous de deux embouts tube de 10 mm, de deux anneaux de 5 mm et d'un fermoir aimanté. Coupez la résille tubulaire à la longueur désirée, mettez de la colle à bijoux à l'intérieur des tubes, puis insérez-y les bouts de résille.

Ensuite, accrochez votre fermoir aimanté sur les embouts à l'aide d'anneaux de 5 mm.

Photo 22

Pour fixer la capucine sur le tube de résille, séparez les fils métalliques de la fleur en deux (entortillez-les) puis positionnez votre fleur sur le tube et enroulez les deux fils métalliques en les croisant plusieurs fois autour de celui-ci.

Avant de couper l'excédent des fils, assurez-vous qu'ils soient ficelés étroitement sur le tube. Pour plus de sécurité, ajoutez une pointe de colle à bijoux sur l'extrémité des deux fils.

Dahlia

Dahlia

Fournitures :

- 1 barrette de pâte polymère vert tendre
- 4 barrettes de pâte polymère blanche
- 1 pain de pâte polymère magenta
- 1 petit emporte-pièce fleur étoile - à 5 pétales (17 mm de diamètre)
- 3 emporte-pièces ronds (à piston) de 15 mm, 12 mm, et 9 mm de diamètre
- 3 ébauchoirs à boule Sculpey - grande, moyenne, et petite taille
- 1 flacon de colle « Bake and bond » ou de polymère liquide
- 1 pinceau rond à poils souple
- 1 carré mousse en caoutchouc

1

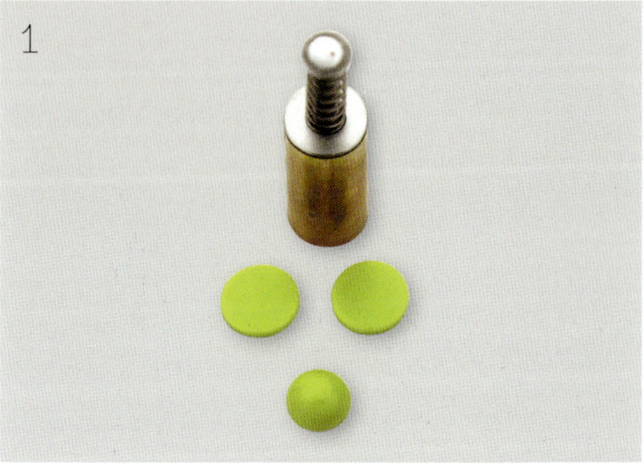

2

Photo 1

Pour créer le cœur du dahlia, conditionnez une barrette de pâte polymère vert tendre. Passez votre pâte dans la machine à pâtes sur le 4ème cran. À l'aide d'un petit emporte-pièce rond de 9 mm, découpez deux disques. Superposez-les, puis formez en une boule lisse et homogène.

Photo 2

Ensuite, découpez trois fleurs-étoile (de 17 mm). Assurez-vous que les bords de vos découpes soient lisses et sans défaut.

Dahlia

Photo 3

À l'aide de votre lame, découpez les pétales de la fleur-étoile en deux (dans le sens de la longueur) en arrêtant la découpe à la base du pétale. Écartez soigneusement les segments à l'aide de votre lame.

Photo 4

Posez votre première étoile sur un carré de mousse et à l'aide de l'ébauchoir à moyenne boule, recourbez les bords de vos pétales (en commençant par la pointe de ceux-ci et en glissant la boule vers le centre). Le geste doit être fluide et précis.

Photo 5

Afin d'affiner la pointes des pétales, pincez chaque pointe entre vos doigts ; puis placez votre boule de pâte polymère au centre de la première fleur-étoile.

Ensuite, recourbez davantage les pétales pour les coller harmonieusement sur la boule et former le cœur du dahlia.

important :

Quand vous réalisez cette opération : laissez la pâte bouger librement sur votre mousse. Si nécessaire, talquez très légèrement votre pâte polymère à l'aide d'un pinceau à poils souples.

Dahlia

Photo 6

Placez le cœur du dahlia sur votre deuxième fleur-étoile en positionnant les pétales en quinconce. Puis recourbez-les manuellement sur le centre du cœur.

Photo 7

Refaites-en de même pour la fleur-étoile restante en vous assurant, à nouveau, de les placer en quinconce ; ainsi le cœur du dahlia sera correctement structuré.

Photo 8

Pincez la base du cœur de la fleur (en dessous du commencement des pétales), puis roulez le surplus de pâte polymère pour former un petit colombin.

Mettez-le de côté pendant l'opération suivante (à l'air libre ou au frigo, selon la consistance de votre pâte).

Dahlia

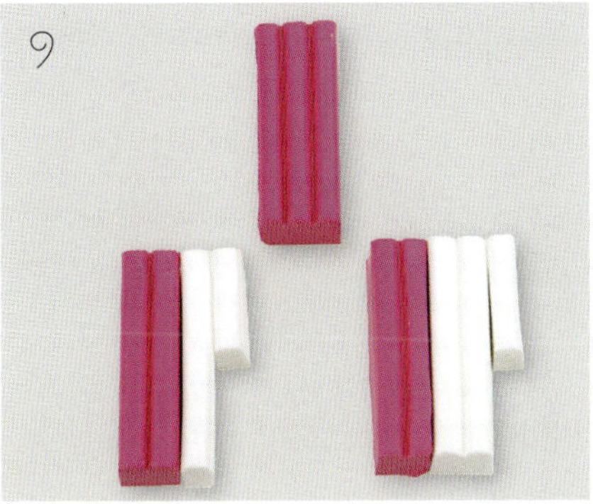

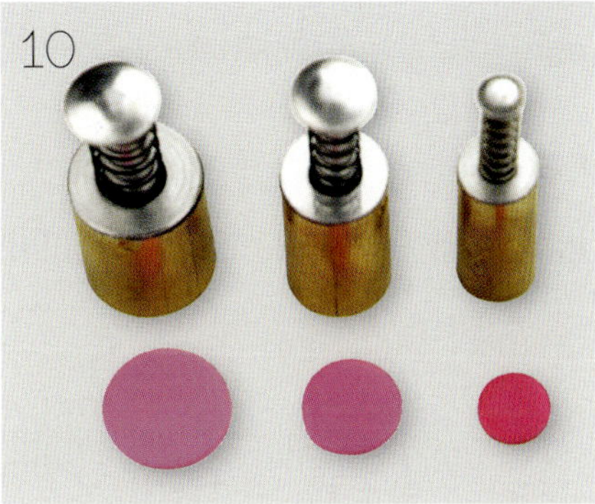

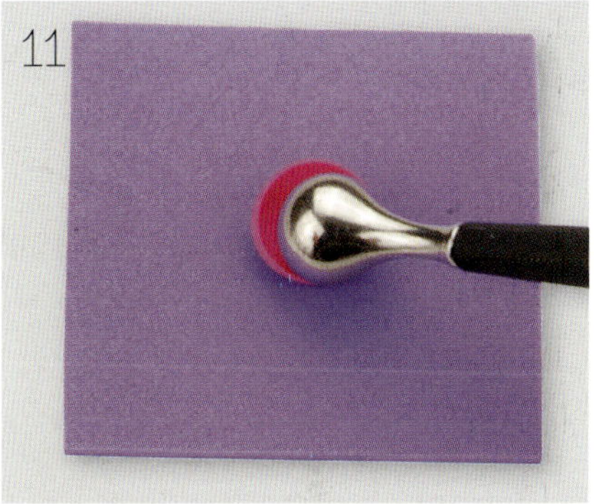

Photo 9

Pour créer les couleurs dégradés des pétales du dahlia, assemblez vos barrettes de pâte polymère magenta et blanche de la manière suivante :

3 barrettes de magenta

2 barrettes de magenta + 1 ½ barrette de blanc

2 barrettes de magenta + 2 ½ barrettes de blanc

Ensuite, mélangez les couleurs de manière homogène pour obtenir 3 tons distincts (rose pâle, rose bonbon, et magenta). Passez-les dans votre machine à pâtes sur le 5ème cran.

Photo 10

Pour créer les pétales du dahlia, découpez à l'aide de vos emporte-pièces ronds, environ 32 disques (de 9 mm de diamètre), dans votre pâte polymère rose clair. Ensuite, découpez 16 disques (de 12 mm) dans votre pâte rose bonbon et 16 disques (de 15 mm) dans votre plaque de pâte magenta.

Photo 11

Posez un disque (de couleur magenta) sur votre carré de mousse et à l'aide de l'ébauchoir à large boule, affinez les bords du disque. Le geste doit être circulaire, fluide et précis. La boule (placée à cheval sur la pâte et le carré de mousse) doit glisser sur la pâte sans accrocher.

Dahlia

Photo 12

Dès que vos bords sont affinés et le disque légèrement concave, roulez le bas entre vos doigts pour former un pétale central en forme de tube délicatement évasé.

Photo 13

Pincez précautionneusement le bout arrondi pour lui donner une forme légèrement pointue.

Photo 14

Fixez le premier pétale de telle sorte qu'il dépasse le cœur du dahlia. Ensuite, recourbez le bout de celui-ci afin qu'il surplombe imperceptiblement le cœur de la fleur.

Photo 15

Alignez côte à côte les autres pétales de la première rangée en les plaçant toujours à la même hauteur.

Photo 16

La première rangée terminée, assurez-vous qu'il n'y ait pas d'espace entre les pétales.

Dahlia

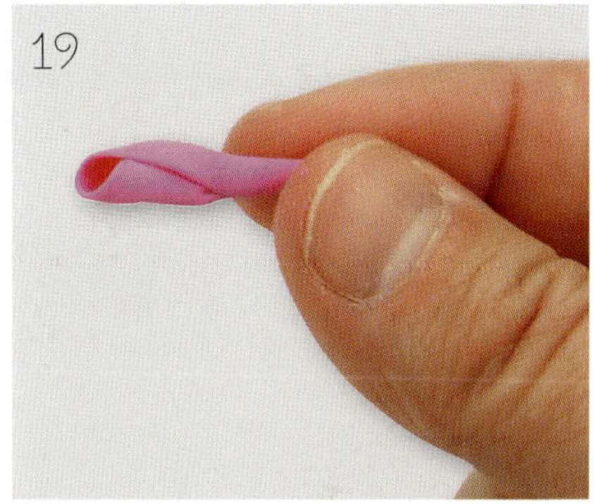

Photo 17

Placez les pétales de la deuxième rangée (de la même couleur) en quinconce sur la première. Le pétale doit être positionné dans le creux de deux pétales de la rangée précédente.

Photo 18

Dès que vous avez complété votre deuxième rangée, à l'aide d'un ébauchoir à petite boule, arrangez les pétales pour leur redonner un creux circulaire.

Photo 19

Pour la troisième rangée de pétales du dahlia, prenez vos disques (rose bonbon) de 12 mm et affinez les bords selon la méthode utilisée précédemment (voir photo 11 page 47). Ensuite, roulez vos disques en agrandissant légèrement leur diamètre (externe) et en gardant le côté arrondi du pétale.

Photo 20

Placez vos pétales en quinconce en les alignant côte à côte et sur la même hauteur.

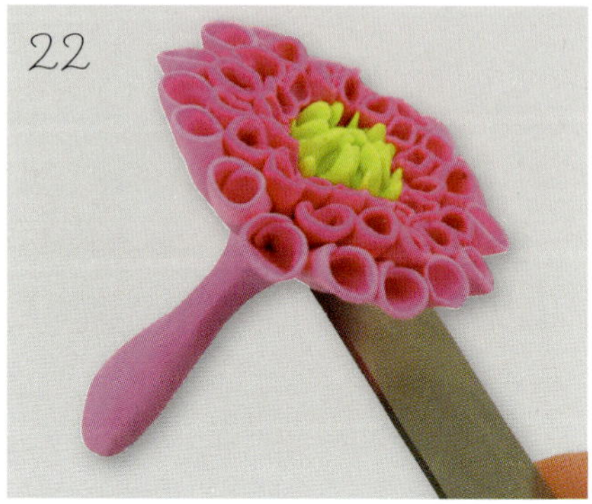

Photo 21

Dès votre troisième rangée réalisée, rectifiez la forme des pétales à l'aide du bout conique de votre ébauchoir en silicone. Utilisez le côté inverse de l'ébauchoir à petite boule.

Photo 22

Ensuite, resserrez la base du dahlia entre vos doigts et formez un colombin avec le surplus de pâte polymère. Puis, à l'aide de votre lame, coupez le colombin à la base de votre fleur.

Posez votre dahlia (à 3 rangées) sur une feuille de papier siliconé (ou sulfurisé) et mettez-le à cuire au four traditionnel pendant 30 minutes à la température recommandée.

Photo 23

Réalisez les pétales de votre 4ème rangée à l'aide de vos disques (rose clair) de 15 mm. Pour être certain d'avoir le bon diamètre et un pétale bien arrondi, aidez-vous de votre ébauchoir en silicone conique.

Dahlia

Photo 24

Afin de pouvoir ancrer facilement les pétales crus sur les pétales cuits, mettez un peu de colle « Bake and bond » sur le dos de la surface de la fleur. Puis, positionnez votre dernière rangée de pétales comme précédemment. Afin de peaufiner le dos de la fleur, vous pouvez placer un disque de 13 mm (de la même couleur) sur le milieu.

Photo 25

À l'aide de votre ébauchoir en silicone à grosse pointe (le côté inverse de l'ébauchoir à grosse boule), arrangez la forme conique de chaque pétale.

Quand vous êtes satisfait du résultat, posez avec précaution votre dahlia sur une feuille de papier siliconé et mettez-la à cuire au four traditionnel pendant 30 minutes à la température recommandée.

Photo 26

Vous pouvez monter votre dahlia en broche en collant une attache/broche ronde sur le centre de la fleur à l'aide de colle super glue.

Hortensia

Hortensia

Fournitures :

- ½ pain de pâte polymère lilas ou de la couleur de votre choix
- ¼ de pâte polymère violet (de la couleur de votre choix)
- 1 petit emporte-pièce « pétale » de 15 mm (1ère option)
- 1 emporte-pièce fleur à 5 pétales de 4,5 cm (2ème option)
- 1 petit emporte-pièce rond de 4 mm de diamètre ou une paille
- 1 bobine de fil de laiton teinté de 0, 30 mm - pour les tiges
- 1 flacon de colle « Bake and bond »
- 1 pince à bijoux à bouts ronds
- 1 pinceau pointu à poil souple
- Une boite de crayons aquarelle (ou d'aquarelle en pastille)

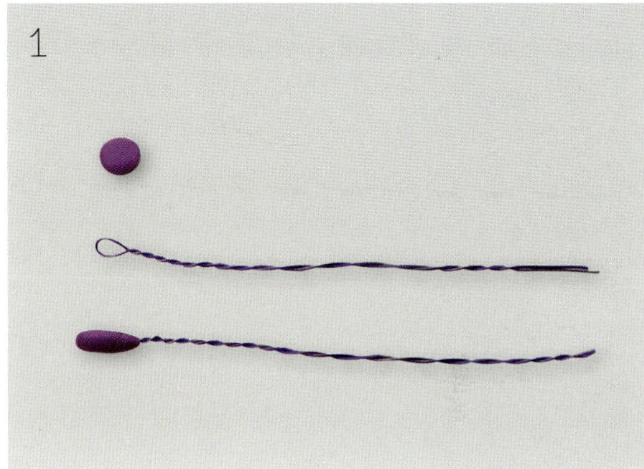

Photo 1

Pour créer les étamines des hortensias, conditionnez ¼ barrette de pâte polymère violet (ou dans la couleur de votre choix). Passez-la dans votre pâte dans la machine à pâtes sur le 4ème cran. À l'aide d'un petit emporte-pièce rond de 4mm (ou une paille), découpez un disque pour chaque pistil.

Coupez une tige fil de laiton (pour chaque fleur) d'environ 10 cm de longueur. Repliez le fil en deux puis, en tenant le bout arrondi d'une main, tortillez les deux tiges entre elles pour n'en former qu'une.

Mettez vos pistils à cuire au four pendant environ 30 minutes minimum sur une plaque de cuisson, recouverte de feuille de silicone ou de papier sulfurisé à la température recommandée.

Hortensia

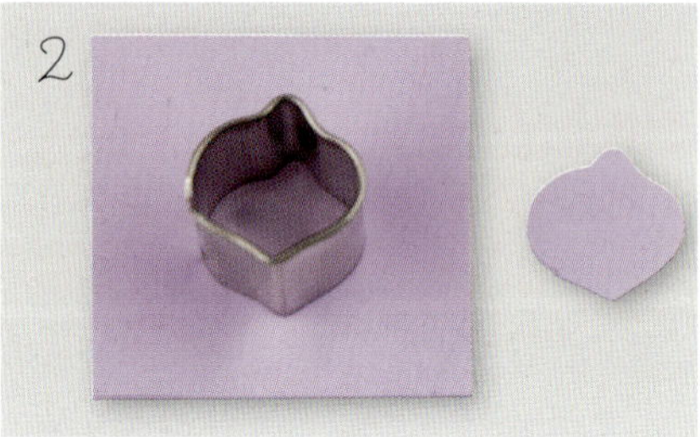

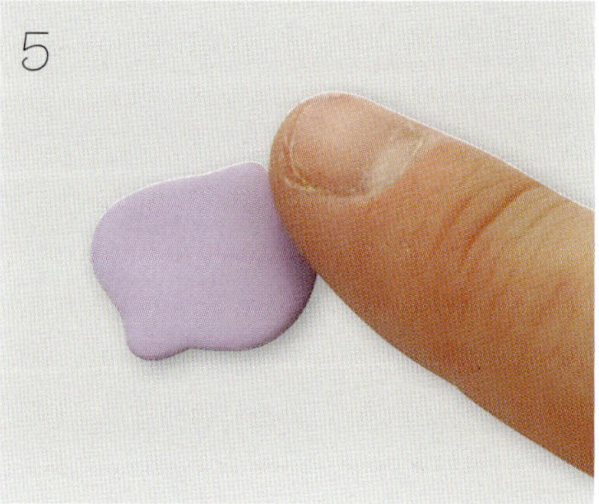

Première option

Photo 2

Pour créer une fleur d'hortensia, conditionnez ½ pain de pâte polymère dans le ton de votre choix. Passez votre pâte dans la machine à pâtes sur le 4ème cran. À l'aide d'un emporte-pièce pétale, découpez autant de pétale que vous désirez réaliser de fleur (par multiple de 4).

Deuxième option

Photo 3

Si vous n'avez pas d'emporte-pièce « pétale », optez pour un emporte-pièce fleur à 5 pétales arrondies de 4,5 cm de diamètre. Découpez les cinq pétales de la fleur en délaissant le centre.

Photo 4

Donnez-leur la forme désirée en modelant le bout arrondi en légère pointe et en accentuant la pointe du bas, en la pinçant légèrement entre vos doigts.

Photo 5

Affinez légèrement (de chaque côté) les bords de vos pétales en les lissant avec le doigt.

Afin de ne pas laisser de traces d'empreintes, il est recommandé de lisser les bords de chaque pétale en les plaçant entre deux petits carrés de papier sulfurisé.

Hortensia

Photo 6

Pour texturer vos pétales, talquez vos deux moules «Texture de fleur » (voir page 12). Placez un pétale (la pointe vers le haut) entre les deux plaques de textures et pressez-les ensemble de façon uniforme.

Photo 7

Pour assembler l'hortensia, mettez une goutte de colle « Bake and bond » sur la jonction de l'anthère et de la tige.

Ensuite, fixez deux pétales de part et d'autre sur le pistil. Assurez-vous que le bout pointu du pétale soit positionné vers le haut et le bout arrondi ancré sur la tige.

Photo 8

Afin que les pétales externes de la fleur ne paraissent plus petits à l'assemblage, et qu'ils soient à la bonne hauteur, étirez légèrement le bout arrondi de ceux-ci.

Photo 9

Ensuite, mettez-y une goutte de colle « Bake and bond » sur le bout arrondi d'ancrage et collez deux pétales de part et d'autre du pistil.

Hortensia

Photo 10

Roulez les bouts d'ancrages des pétales entre le pouce et l'indexe (pour former un petit colombin sur la tige) puis, à l'aide d'une lame, coupez l'excédent de pâte à quelques millimètres de la base de la fleur.

Photo 11

Après cuisson, patinez vos pétales grâce à des crayons aquarelle.

Dessinez sur vos pétales (recto/verso) des traits verticaux espacés de ton pervenche.

Photo 12

Faites-en de même avec un crayon aquarelle de couleur magenta.

Ne recouvrez pas entièrement les pétales de traits de couleurs afin que le ton de base reste apparent.

Photo 13

Ensuite, estompez les traits de crayon à l'aide d'un pinceau humide. Ainsi, vous obtiendrez des tons analogues nuancés sans démarcation.

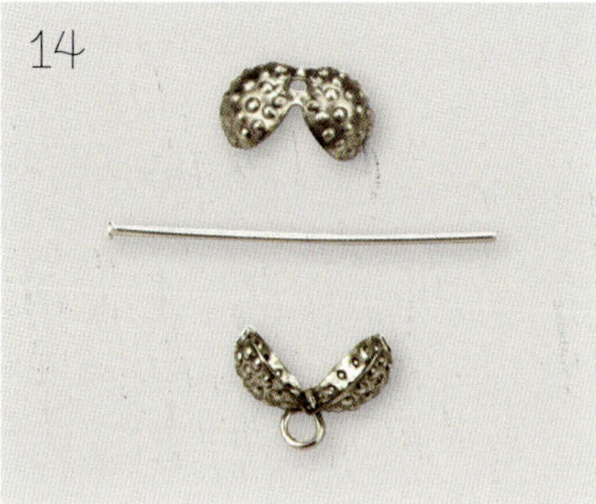

Photo 14

Pour le montage de l'hortensia sur un tour de cou perlé, munissez-vous de deux gros cache-nœuds de 8 mm, de deux clous de 3 cm, de deux anneaux de 4 mm et d'un fermoir décoratif.

Photo 15

Insérez chaque clou dans un cache-nœud, coupez la tige du clou à environ 10 mm, puis formez un anneau à l'aide d'une pince à bouts ronds.

Emprisonnez les bouts du tour de cou perlé avec les cache-nœuds. Si nécessaire, ajoutez une pointe de colle. Ensuite, accrochez votre fermoir décoratif à l'aide des anneaux de 4 mm.

Photo 16

Il ne vous reste plus qu'à fixer vos fleurs d'hortensia sur le tour de cou. Pour ce faire, enroulez le fil métallique de la fleur autour du tour de cou, puis tournez (plusieurs fois) le fil métallique autour de la base de la fleur. Avant de couper l'excédent du fil, assurez-vous qu'il soit bien ficelé étroitement sur lui-même.

Continuez de la même manière le montage de toutes vos fleurs sur le tour du coup en vous assurant que leur disposition soit harmonieuse.

Ipomée

Ipomée

Fournitures :

- 3 barrettes de pâte polymère bleu ou dans la couleur de votre choix
- 1 barrette de pâte polymère blanc nacré
- 1 petite boule de pâte polymère jaune
- 1 grand emporte-pièce rond de 3 mm de diamètre
- 1 moyen emporte-pièce rond de 12 mm de diamètre
- 1 grand emporte-pièce fleur-étoile à 5 pétales de 4 cm (optionnel)
- 1 petit emporte-pièce rond de 4 mm de diamètre ou une paille
- 1 ébauchoir à boule Sculpey - grande taille
- 1 ébauchoir aiguille ou une grosse aiguille
- 2 ébauchoirs arrondis de tailles différentes (ou une aiguille à tricoter n° 4 & n° 5)
- 1 ébauchoir à bout pointu
- 1 carré mousse en caoutchouc
- 1 flacon de polymère liquide
- 1 aiguille de 1mm de diamètre
- 1 pince à bijoux à bouts ronds
- 1 éponge en mousse blanche épaisse pour démaquillage
- 1 plaque d'ouatine de 3 cm d'épaisseur (recommandé pour les pâtes polymère ne se cuisant pas à plus de 130°)

1

Photo 1

Pour réaliser une ipomée, conditionnez vos barrettes de polymère bleu et passez votre pâte dans la machine à pâtes sur la plus grosse épaisseur. Ensuite, à l'aide d'un emporte-pièce rond de 3 cm, découpez autant de disques bleu nacré que vous désirez réaliser de fleurs.

Ipomée

Photo 2

Pour le cœur de l'ipomée, passez votre pâte polymère blanc nacrée dans la machine à pâtes sur le 5ème cran. Découpez le même nombre de disques à l'aide d'un emporte-pièce rond de 12 mm.

Placez le disque blanc nacré au milieu de votre disque bleu ; puis, avec un ébauchoir aiguille, texturez le disque blanc en formant des rayons sur toute sa circonférence.

Votre aiguille devrait être positionnée presque à l'horizontal et effleurer la pâte dans des mouvements linéaires, souples et fluides.

Photo 3

Afin de légèrement mélanger les deux couleurs entre elles, faites des petites stries (à l'aide de votre aiguille) sur tout le pourtour du disque blanc.

Photo 4

Repassez une deuxième fois sur tout le pourtour du cœur et étirez la pâte en la texturant d'avantage de petites stries. Recouvrez bien toutes les petites marques faites sur la pâte polymère bleue, de pâte blanc nacrée.

conseil :

Assurez-vous de légèrement étirer la pâte blanc nacrée sur la pâte bleue à l'aide de votre aiguille, positionnée en diagonale.

Ipomée

Photo 5

À l'aide d'un ébauchoir à bout pointu, pressez sur tout le pourtour bleu de la fleur en plaçant votre ébauchoir à cheval sur le bord du cœur nacré.

Ainsi, le pourtour blanc nacré sera affiné au maximum et deviendra quasiment diaphane.

Important : Ne texturez pas le cœur de la fleur car cela affinerait et fragiliserait ce dernier lors de la mise en forme de l'ipomée.

Photo 6

Afin de départager les angles des pétales de l'ipomée, il est nécessaire de diviser le cercle en cinq parties distinctes. Pour ce faire, retournez votre disque et placez-y délicatement (sans appuyer) une fleur-étoile à 5 pétales.

À l'aide de votre ébauchoir à bout pointu, faites une encoche sur le bord de votre disque à chaque bout pointu de la fleur.

(Les encoches doivent être visibles des deux côtés du disque).

Photo 7

Replacez le disque à l'endroit sur votre carré de mousse et à l'aide de l'ébauchoir à bout pointu, faites une encoche sur les cinq divisions de la fleur en plaçant votre ébauchoir horizontalement.

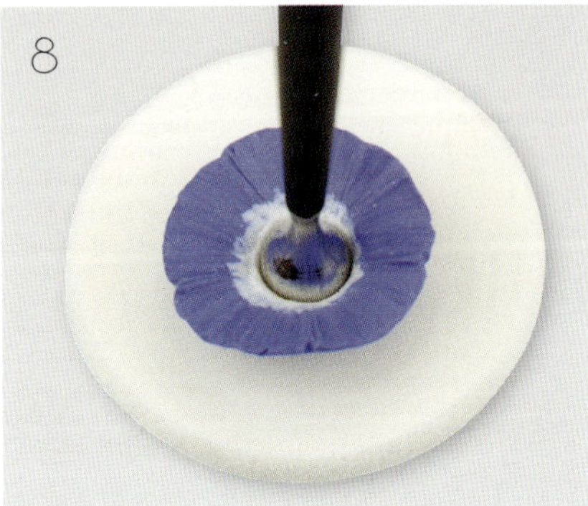

Photo 8

Placez votre fleur sur une éponge en mousse blanche épaisse et, à l'aide de vote ébauchoir à large boule, (placé au centre de la fleur) formez, petit à petit, un creux (jusqu'à ce qu'il atteigne la moitié de votre boule).

NB : N'hésitez pas à mettre un soupçon de talc sur le cœur de la fleur (à l'aide d'un pinceau souple) pour éviter que l'ébauchoir colle à la pâte polymère.

Photo 9

Pour élargir le creux de la fleur, tenez (délicatement mais fermement) le bout conique de l'ipomée et, à l'aide de l'ébauchoir à boule, exécuter des mouvements rotatifs réguliers sur les bords blancs de de la fleur.

Photo 10

Modelez la pointe de l'ipomée en la resserrant à l'aide de vos deux mains. Pressez de part et d'autre de la base (en la tournant d'un quart de tour à chaque pression, dans un mouvement constant et régulier) pour ne pas déformer la fleur. Ensuite, roulez le bout entre vos doigts pour homogénéiser le cône.

Ipomée

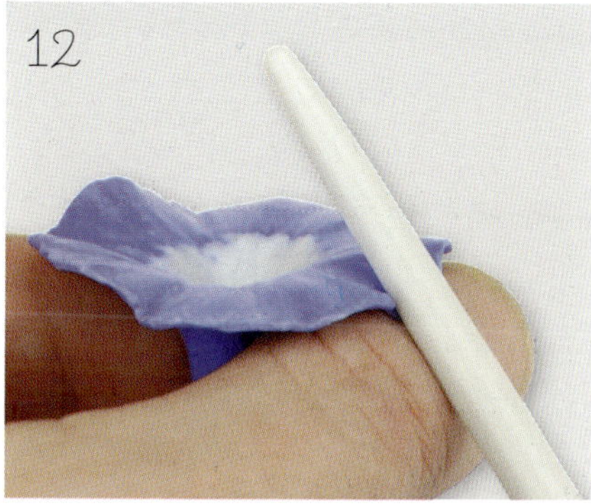

Photo 11

À l'aide d'un ébauchoir arrondi (ou d'une aiguille à tricoter n° 4), accentuez les creux (sur toute la longueur plate de la fleur) pour démarquer les cinq divisions de l'ipomée.

Photo 12

Ensuite, à l'aide d'un ébauchoir arrondi (ou d'une aiguille à tricoter n° 5), retravaillez les bords des cinq creux afin de les évaser et de donner à l'ipomée un léger mouvement.

Photo 13

Quand vous êtes satisfait du résultat de votre fleur Ipomée, faites un trou à l'aide d'une grosse aiguille au centre de la fleur. Ensuite, lissez l'envers de l'ipomée afin d'effacer toutes traces disgracieuses.

Ipomée

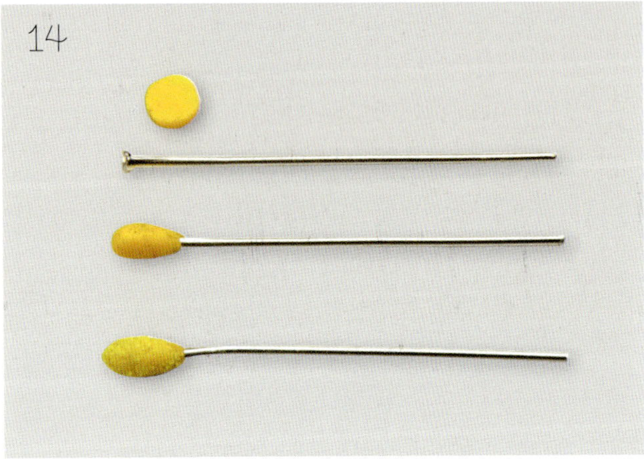

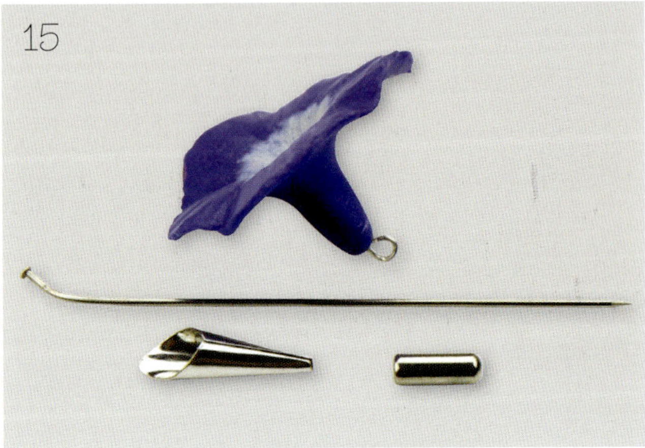

Photo 14

Pour créer l'étamine de l'ipomée, munissez-vous d'un clou métallique de 3 cm de long. Puis, à l'aide d'un petit emporte-pièce rond découpez un disque dans petit morceau de pâte polymère jaune (passé dans la machine à pâtes sur le 4ème cran). Formez une petite boule, puis aplatissez-la sur le bout du clou. Arrondissez le haut puis affinez le bas. Ensuite, enrobez le bout de l'anthère avec de la colle « Bake and bond » puis roulez-la dans du sable jaune afin de la recouvrir.

Mettez le tout à cuire au four sur un morceau d'ouatine (la tête de la fleur vers le bas) pendant 30 minutes minimum à la température recommandée.

Après cuisson, insérez le pistil au centre de la fleur, coupez la tige de l'ipomée (à environ 10 mm de la base) ; puis formez un anneau à l'aide d'une pince à bouts ronds.

Photo 15

Pour le montage de l'ipomée, munissez-vous d'une calotte conique et d'une épingle à chapeau (avec capuchon).

À l'aide d'une pince à bijoux, recourbez légèrement le bout de la tige (du côté du clou de l'épingle). Mettez une goutte de colle à bijoux sur le bout du clou et insérez la calotte afin de la fixer sur l'extrémité.

Ensuite, enduisez le bout de la fleur de colle et insérez-le dans la calotte conique. Réajustez le tout pour former un mouvement harmonieux entre la fleur, la calotte et l'épingle.

Lilas

Lilas

Fournitures :

- 1 de pain de pâte polymère lilas ou de la couleur de votre choix
- 1 petit emporte-pièce fleurs à 4 pétales de 10 mm de diamètre
- 2 ébauchoirs à boule Sculpey - petite et moyenne taille
- 1 pinceau rond à poils souples
- 1 bobine de fil de laiton teinté de 0,30 mm, pour les tiges (couleur au choix)
- 1 pince à bijoux à bouts ronds
- 1 carré mousse en caoutchouc
- 1 éponge en mousse blanche épaisse (voir lexique page 126)
- 1 boite de pastel
- Une bobine de ruban de « floral tape » verte

1

2

Photo 1

Pour créer les fleurs de lilas, conditionnez un pain de pâte polymère dans le ton de votre choix. Passez votre pâte dans la machine à pâtes sur la plus grosse épaisseur. À l'aide d'un petit emporte-pièce fleur à 4 pétales, découpez une centaine de fleurs.

Réalisation de fleurs ouvertes

Photo 2

Assurez-vous que les bords de vos découpes soient lisses et sans défaut. Posez une fleur sur un carré de mousse (talquez légèrement votre fleur à l'aide d'un pinceau rond à poils souples) et, à l'aide de l'ébauchoir à moyenne boule, pressez délicatement sur chaque centre des pétales pour les aplatir et leur donner un côté légèrement concave.

Lilas

Photo 3

Pour donner forme à vos pétales, munissez-vous de votre ébauchoir à petite boule et creusez le centre du pétale en faisant de délicats mouvements rotatifs. Ce geste élargira et affinera le pétale en lui donnant une forme concave. Refaites la même opération pour chaque pétale.

Photo 4

Placez la fleur (côté creux vers le haut) sur une éponge en mousse épaisse et, à l'aide de votre ébauchoir à petite boule, pressez délicatement sur le centre de la fleur. Ce mouvement creusera celle-ci et lui donnera une petite pointe. Attention de ne pas déchirer la pâte en faisant un mouvement trop brusque.

Photo 5

Enlevez avec précaution la fleur de votre ébauchoir et modelez la pointe entre vos doigts pour lui donner une forme allongée.

conseil :

Quand vous réalisez cette opération : laissez la pâte polymère bouger librement sur votre mousse. Si celle-ci reste collée au support, talquez légèrement votre carré de mousse à l'aide d'un pinceau.

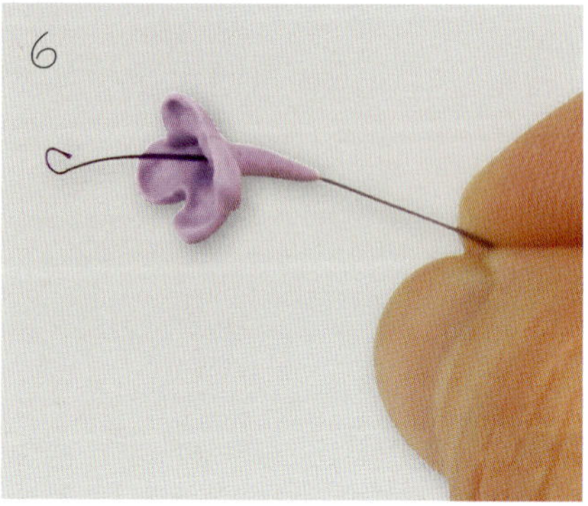

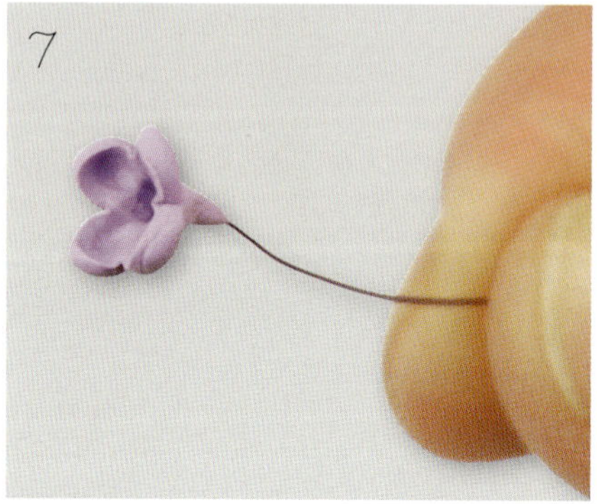

Photo 6

Pour créer la tige de la fleur, découpez (pour chaque fleur) un bout de laiton émaillé d'environ 5 cm de longueur. Ensuite, muni d'une pince à bouts ronds, repliez un bout de chaque tige pour former une goutte (voir page 30).

Photo 7

Enfilez une tige sur chaque fleur de lilas et glissez le bout arrondi jusqu'à la base de la fleur. Il faut que celle-ci soit ancrée délicatement dans la corolle sans pour autant renter dans la partie étroite de la fleur (cela risque de la déchirer).

Photo 8

À l'aide d'un pinceau à poils souple, patinez légèrement les pointes de vos fleurs avec de la poudre de pastel sec, en faisant des petites touches de couleurs ici et là de façon non-uniforme.

Lilas

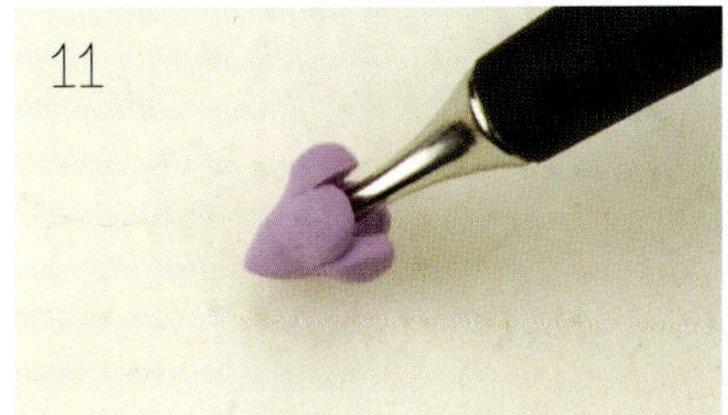

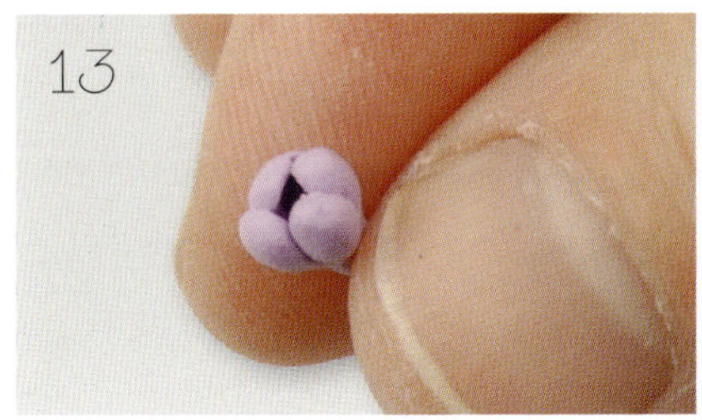

Réalisation de fleurs semi-écloses

Photo 9

Placez une fleur sur votre éponge en mousse épaisse et à l'aide de l'ébauchoir à petite boule, creusez le centre de chaque pétale en faisant de délicats mouvements rotatifs.

NB : Ce geste réalisé sur une éponge épaisse (plutôt qu'un carré de mousse) creusera d'avantage les pétales sans trop les élargir.

Photo 10

Pour ramener les pétales vers le centre, munissez-vous de votre ébauchoir à petite boule et pressez délicatement au centre de la fleur sur l'éponge en mousse.

Photo 11

Ensuite, refaites les étapes des photos 4 et 8 pour réaliser vos pétales semi-écloses.

Photo 12

N'oubliez pas de bien affiner la pointe de vos fleurs de lilas sur vos tiges de laiton.

Photo 13

Resserrez délicatement les pétales de lilas vers le centre de la fleur selon le degré d'éclosion voulu.

Lilas

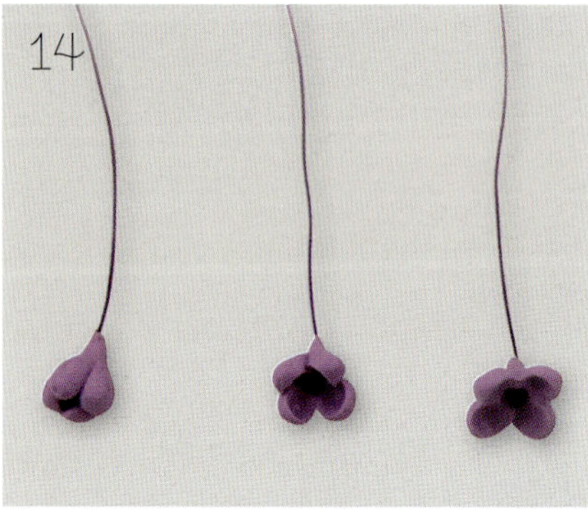

Photo 14

Voici un exemple de 3 stades d'éclosions différentes.

Pour réaliser une grappe de fleurs de lilas, vous aurez besoin d'environ 115 à 130 fleurs individuelles (selon la grosseur de la grappe).

Posez chaque fleur sur une feuille de papier siliconé et mettez-les à cuire au four traditionnel pendant 30 minutes à la température recommandée.

Photo 15

Après cuisson, assemblez toutes vos fleurs par de trois (sauf 5 qui serviront à la pointe de la grappe de lilas). Assurez-vous de former des grappes de fleurs à éclosions variées. Ensuite, tenez fermement votre trio de fleurs et tortillez les tiges ensemble pour n'en former qu'une. Recommencez l'opération pour toutes vos fleurs.

Photo 16

Prenez vos cinq fleurs restantes et assemblez-les en forme de triangle (avec une fleur non éclose vers le haut).

Lilas

Photo 17

Pour la finition et le montage de la fleur de lilas, munissez-vous de ruban de « floral tape » et de votre grappe de cinq fleurs. Tenez votre ruban d'une main et votre tige de l'autre, ancrez votre ruban sur la tige et enroulez-le ruban en tournant la tige d'un tour complet.

NB : Le ruban devrait coller comme une seconde peau sur la tige. Si tel n'est pas le cas, recommencez l'opération.

Photo 18

Positionnez une deuxième grappe (avec les trios de fleurs) un peu plut bas sur le ruban de « floral tape » en vous assurant de cacher le plus possible la tige métallique. Ensuite, enroulez le ruban sur les deux tiges d'un tour complet (en les resserrant le plus étroitement possible).

Photo 19

Ajoutez une troisième branche en tournant sur la tige centrale et recommencez l'opération. Assurez-vous AVANT chaque rajout de branches de lilas que l'assemblage soit harmonieux.

astuce :

Si votre morceau ruban de « floral tape » est trop court, aucun souci, vous pouvez ancrer un nouveau morceau sur le premier, le raccord sera quasi invisible.

Lilas

Photo 20

À partir de l'assemblage de la quatrième branche, faites un pli (à la base de votre trio de fleurs) pour former un angle droit. Ainsi, vous commencerez à former le corps de la grappe de lilas.

Photo 21

Continuez l'assemblage en ancrant fermement chaque trio de fleurs à l'aide de ruban floral, sur la tige centrale. Assurez-vous que l'ensemble soit harmonieux.

Photo 22

Après avoir monté toutes vos fleurs en une seule grappe de lilas, tortillez les tiges restantes sur une longueur d'environ 3 cm. Coupez l'excédent de tige en métal et recouvrez-la de « floral tape ».

Lilas

Photo 23

Pour monter la fleur de lilas en collier, insérez une tige/clous en métal argenté dans une calotte conique filigrané. À l'aide d'une pince à bijoux, sectionnez la tige à environ 1 cm de hauteur.

Ensuite, muni d'une pince à bouts ronds, formez une boucle avec votre tige. Assurez-vous qu'elle soit bien ronde et surtout que l'extrémité de la boucle repose sur la calotte.

Photos 24

Mettez de la colle à bijoux sur la tige de votre fleur de lilas et insérez-la dans le cône filigrané. Laissez la colle bien sécher avant de monter le lilas sur une jolie chaine.

Rose

Rose

Fournitures :

- 1 demi-pain de pâte polymère dans la couleur de votre choix
- 1 petit emporte-pièce rond de 15 mm
- 2 emporte-pièces fleur arrondie - à 5 pétales (de 3 cm, et 4 cm de diamètre)
- 1 ébauchoir à boule Sculpey - de grande taille
- 1 bâtonnet en bois (cure-dents)
- 1 pinceau rond à poils souple
- 1 carré mousse en caoutchouc
- 1 boite de pastels secs

1

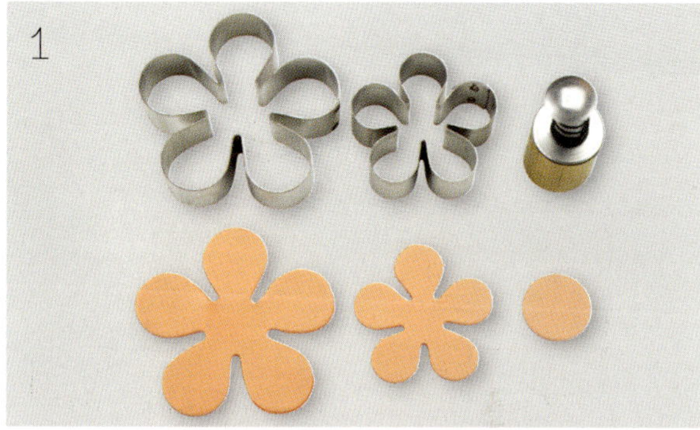

2

Photo 1

Pour créer une rose, conditionnez ½ pain de pâte polymère dans le ton de votre choix. Passez votre pâte dans la machine à pâtes sur le 4ème cran. Ensuite, à l'aide de vos emporte-pièces, découpez 2 fleurs de 3 cm, 2 à 3 fleurs de 4 cm (selon la taille) et un disque rond. Assurez-vous que les bords de vos découpes soient lisses et sans défaut.

Photo 2

Posez une petite fleur sur un carré de mousse et, à l'aide de l'ébauchoir à grosse boule, affinez l'intérieur du pétale en effectuant un mouvement en forme de goutte sur le centre de celui-ci. Ensuite, affinez le bord du pétale (la boule placée à cheval sur la pâte et le carré de mousse) en longeant son pourtour. (Refaites-en de même pour la deuxième petite fleur). Le geste doit être fluide et la boule doit glisser sur la pâte sans accrocher.

NB : Si nécessaire, talquez légèrement la boule de votre ébauchoir. Évitez de talquer votre fleur car cela risque d'entraver l'assemblage de la rose.

Rose

Photo 3

Prenez votre disque et roulez-le en une boule lisse et homogène. Ensuite, modelez-la en un petit cône, puis piquez-le sur un bâtonnet de bois.

Photo 4

Transpercez le centre d'une première petite fleur (à l'aide de la pointe de votre bâtonnet), faites-la glisser jusqu'à la base du cône puis, ancrez-la sur celui-ci.

Photo 5

Pour créer le cœur de la fleur, repliez un premier pétale sur le cône de façon à le recouvrir presque entièrement. Laissez une petite ouverture sur le haut pour un effet plus naturel.

Photo 6

Placez le pétale suivant sur le cœur de la fleur en y ancrant seulement le côté latéral gauche. Laissez l'autre côté du pétale libre.

Photo 7

Placez le troisième pétale de la même façon en ancrant sur le cœur de la fleur sur le côté gauche.

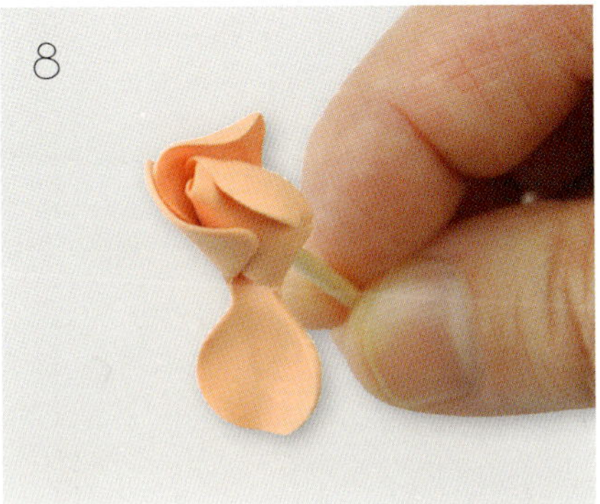

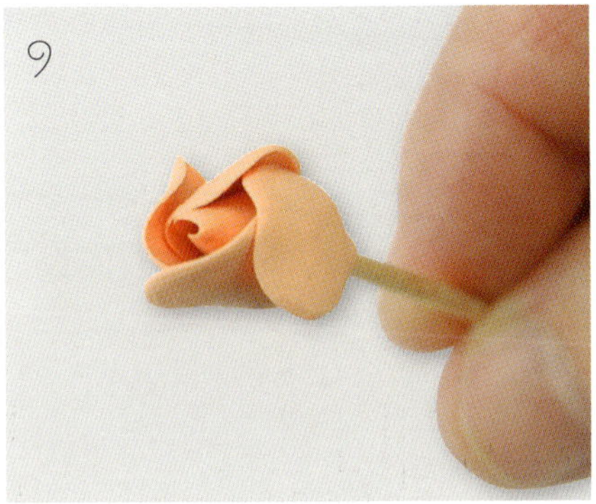

Photo 8

Renouvelez l'opération avec le 4ème pétale.

Photo 9

Pour terminer le premier rang de votre rose, insérez délicatement votre dernier pétale et positionnez la moitié de celui-ci en dessous du 2ème pétale (vu que le 1er pétale constitue le cœur de la fleur). Ainsi vos pétales auront un mouvement en forme d'éventail continu.

Photo 10

Insérez votre deuxième petite fleur sur votre tige et ancrez-la de telle manière à ce que le premier pétale soit à cheval sur les derniers pétales, de la première rangée.

À partir de la deuxième rangée de la rose, positionnez et ancrez les pétales en quinconce en ne serrant que le bas de la fleur. Assurez-vous que le mouvement des pétales soit léger et harmonieux.

Photo 11

Positionnez votre dernier pétale de la deuxième rangée de la même façon que pour la première rangée (voir étape 9).

Rose

Photo 12

Dès la 2ème rangée terminée, resserrez la base de la fleur autour du bâtonnet de bois (pour former un colombin avec le surplus de pâte polymère).

Photo 13

Munis d'un pinceau à poils souple, patinez légèrement les bords de votre rose (dans la couleur de votre choix). Profitez-en pour donner plus de mouvement à vos pétales à l'aide de votre pinceau.

Photo 14

À l'aide de votre lame, coupez le surplus de pâte polymère à la base de votre fleur. Puis enlevez délicatement la rose du bâtonnet.

Mettez-la de côté pendant l'opération suivante (à l'air libre ou au frigo, selon la consistance de votre pâte).

Photo 15

Pour les rangées suivantes de la fleur, affinez vos trois grandes fleurs de la même manière que les deux petites (voir étape 2 page 75).

Photo 16

Afin de donner aux pétales (des rangées suivantes) plus de volume et de mouvement, retournez votre fleur sur le carré de mousse et affinez à nouveau le centre de chaque pétale.

Photo 17

Placez avec précaution votre rose sur le 3ème rang de pétale. Assurez-vous qu'il soit bien centré et que les pétales soient disposés en quinconce. Puis, colorez (de la même manière que précédemment) les extrémités des pétales.

Photo 18

Pour donner un aspect épanoui à votre rose, retournez la délicatement et, à l'aide d'un bâtonnet de bois, recourbez (vers l'extérieur) la moitié d'un pétale en diagonale et ensuite l'autre moité (pour former un triangle).

Recommencez l'opération sur tous les autres pétales.

Photo 19

Remettez votre fleur à l'endroit puis, en vous aidant de votre pinceau, recourbez les pétales (vers le centre de la fleur). N'hésitez pas à insister plusieurs fois dans vos mouvements pour que la forme reste dans la position voulue.

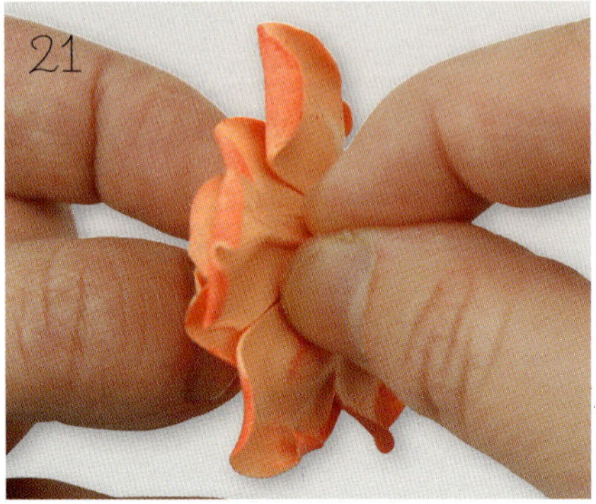

Photo 20

Rajoutez une 4ème rangée de pétales en recommençant les étapes de 17 à 19. N'oubliez pas de toujours placer les pétales en quinconce. Pour une rose bien fournie, vous pouvez rajouter une 5ème rangée.

Photo 21

Sur la dernière rangée de la rose (afin de donner un joli mouvement concave à vos pétales extérieurs), retournez délicatement la fleur et pincez légèrement le milieu de chaque pétale pour donner un petit pli.

Ensuite, lissez l'envers de vos pétales pour effacer toutes traces disgracieuses.

Photo 22

Peaufinez votre fleur en donnant un côté désordonné aux pétales à l'aide d'un bâtonnet de bois (pour former des encoches et des plis).

Cette étape donnera un look plus naturel à votre rose.

Rose

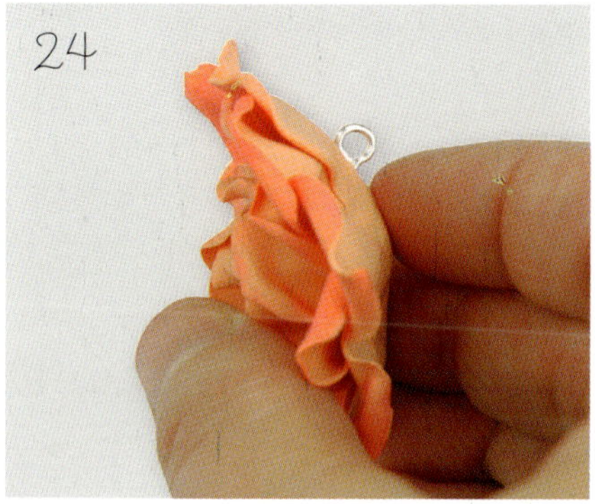

Photo 23

N'oubliez pas de vérifier la fleur sous tous les angles pour vous assurer que l'ensemble soit harmonieux et délicat.

Quand vous êtes satisfait du résultat, posez votre rose sur une feuille de papier siliconé et mettez-la à cuire au four traditionnel pendant 30 minutes à la température recommandée.

Photo 24

Pour le montage de la rose, percez votre fleur (dans la partie la plus étoffée) à l'aide d'une mini-perceuse muni d'une mèche de 1 mm. Ensuite, vissez l'attache-vis sur la fleur. Le trou doit être un peu plus étroit que l'attache-vis, ainsi il ne faudra pas utiliser de colle.

Photo 25

Prenez un fil câblé de 0,35 mm d'épaisseur (de la longueur de tour de cou désirée) et enfilez une perle-à-écraser sur une des extrémités. Écrasez la perle à l'aide d'un pince de bijouterie à bouts plats. Assurez-vous qu'elle soit bien fixée sur le fil câblé. Ensuite rajoutez un cache-nœud pour recouvrir la perle à écraser. Pour enjoliver le fil câblé, enfilez des perles de rocailles dans les tons de votre choix.

Rose

Photo 26

Quand vous avez enfilé les rocailles sur la première moité du tour de cou, placez votre rose sur le fil câblé puis, reprenez l'enfilade de vos rocailles sur l'autre moité du tour de cou.

Photo 27

Arrivé à la longueur désirée, enfilez un cache-nœud sur l'extrémité du fil câblé suivi d'une perle à écraser. Ancrez-la de la même manière que précédemment en faisant attention que les perles soient bien serrées sur le fil câblé et qu'il n'y ait pas d'espace libre sur toute la longueur du tour du cou. Dès que votre perle à écraser est bien fixée, refermez la boule du cache-nœud. Pour finir, accrochez un fermoir sur les deux anneaux des cache-nœuds.

Orchidée

Orchidée

Fournitures :

- 1 demi-pain de pâte polymère blanc ou dans la couleur de votre choix
- 1 copie du gabarit des pétales de l'orchidée - page 127
- 1 petit emporte-pièce rond de 4 mm de diamètre ou une paille
- 3 ébauchoirs à boule Sculpey - petite, moyenne et grande taille
- 1 ébauchoir à bout plat (ou le côté inverse de l'ébauchoir à moyenne boule)
- 1 cutter de précision
- 1 flacon colle « Bake and bond » ou de polymère liquide
- 1 pinceau rond à poils souples
- 1 flacon de talc
- 1 bâtonnet en bois (cure-dents)
- 1 carré mousse en caoutchouc
- 1 carré de papier sulfurisé
- 1 boite de pastel
- 2 marqueurs indélébiles de couleur orange et vermillon

1

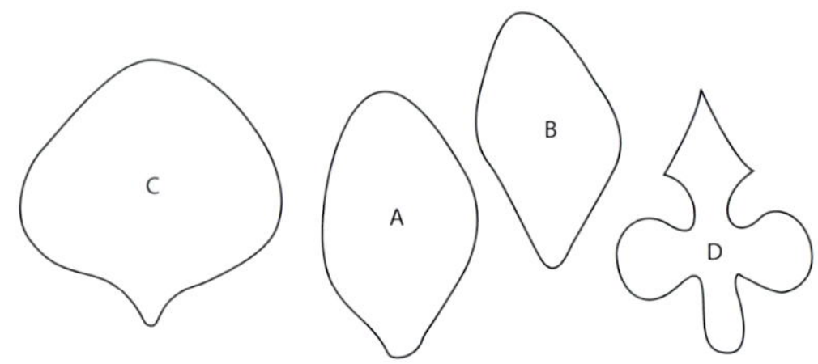

A - pétales du haut
B - petale du bas
C - pétales latéraux
D - cœur

Photo 1

Pour créer l'orchidée, conditionnez votre pâte polymère blanche en la passant dans votre machine à pâtes sur le 3ème cran.

Décalquez sur une feuille de papier les gabarits (voir page 127) des pétales de l'orchidée.

astuce :

Pour éviter que la poussière salisse votre pâte polymère blanche, talquez-la généreusement, ensuite enlevez l'excédent avec un pinceau rond à poils souples.

Orchidée

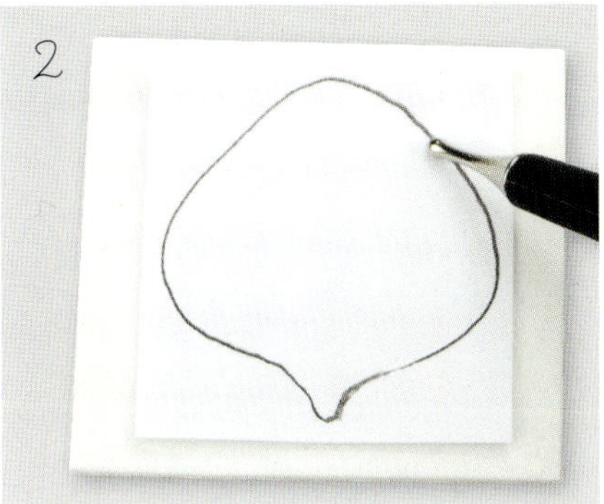

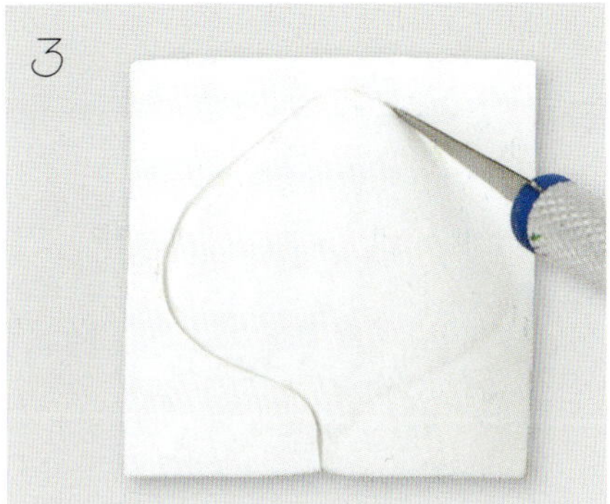

Photo 2

Placez soigneusement la feuille de gabarits sur votre plaque de pâte polymère blanche. Ensuite, à l'aide de l'ébauchoir à petite boule, tracez consciencieusement les contours de chaque pétale. Attention de ne pas appuyer trop fort sur votre boule car vous risquez de percer le papier. Dès le traçage terminé, retirez délicatement votre feuille de papier.

Photo 3

Puis, muni d'un cutter de précision, découpez soigneusement les contours des gabarits en suivant la marque laissée par votre ébauchoir.

Photo 4

Vous devriez avoir cinq pétales ainsi que le cœur de la fleur.

1 pétale « A », 2 pétales « B » (recto verso), 2 pétales « C » + 1 cœur « D ».

Photo 5

Pour affiner le bord d'un pétale, posez un papier sulfurisé sur celui-ci et lissez le pourtour avec le doigt. Ensuite, décollez-le soigneusement de votre plan de travail à l'aide de votre lame.

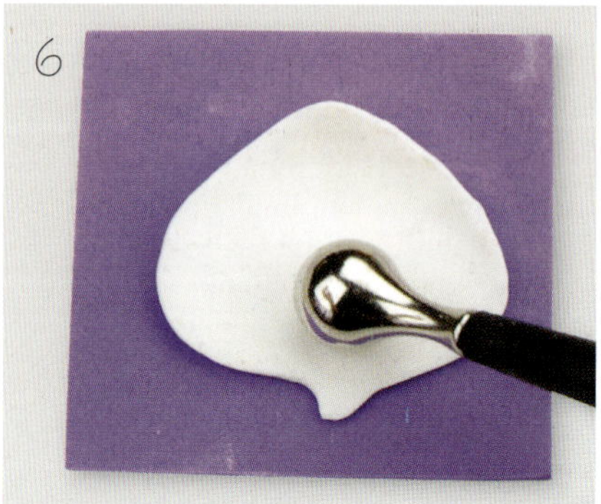

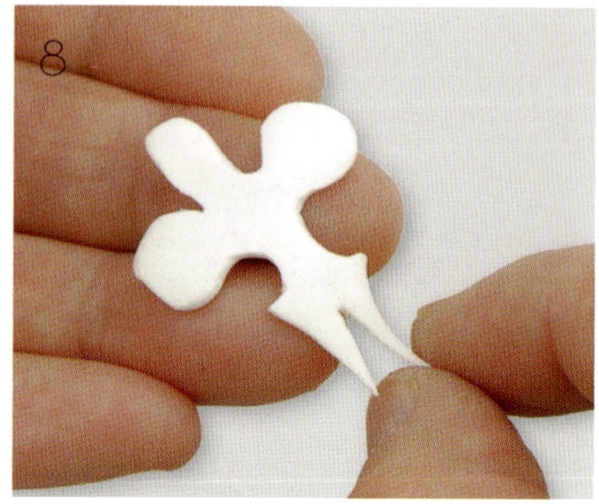

Photo 6

Ensuite, posez le pétale sur un carré de mousse et à l'aide de l'ébauchoir à large boule, créez de légères stries en forme d'éventail sur toute la largeur du pétale.

Refaites-en de même pour tous les autres pétales, à l'exception du cœur.

Photo 7

Placez le cœur de l'orchidée sur votre plan de travail et, à l'aide d'un cutter de précision, découpez le triangle du bas en deux dans le sens de la longueur. Arrêtez la découpe juste avant les pointes latérales.

Photo 8

À l'aide de votre lame, écartez avec précaution les bouts des triangles. Puis affinez les deux pointes en les lissant vers le bas, avec vos doigts.

Photo 9

Placez le cœur d'orchidée (gabarit D) sur votre carré de mousse et à l'aide de l'ébauchoir à moyenne boule (placé sur le haut arrondi du cœur), glissez vers le centre de celui-ci pour soulever et recourber le bout.

Orchidée

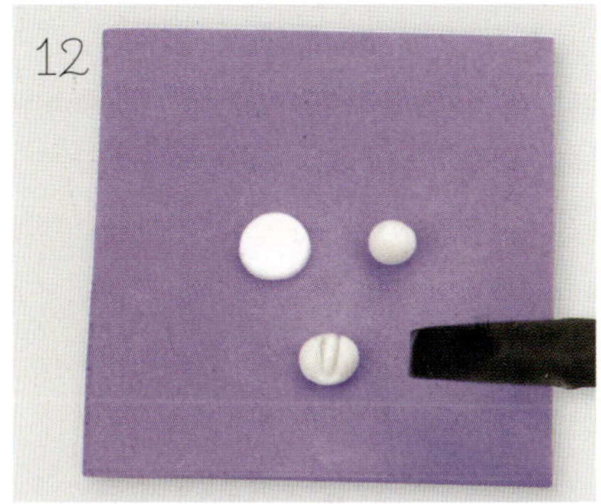

Photo 10

Ensuite, placez votre ébauchoir boule au centre de chaque côté arrondi et effectuez un mouvement rotatif pour leur donner un forme de coupelle concave.

Photo 11

Prenez-le côté arrondi (du haut du cœur) et pincez légèrement les côtés pour former un triangle concave ; puis, recourbez-le délicatement vers l'intérieur avec les doigts.

Photo 12

Pour créer la partie protubérante du cœur, découpez un disque à l'aide de votre petit emporte-pièce rond (ou d'une paille). Formez une boule avec le disque, puis aplatissez-la légèrement.

Muni de votre ébauchoir en silicone à embout plat, créez une légère encoche sur le milieu de la boule aplatie.

Photo 13

Placez la boule au centre du cœur de l'orchidée, et ancrez-la.

Afin de recourber les deux fins triangles du bas, faites glisser votre ébauchoir à moyenne boule du bout du triangle au cœur de la fleur.

Photo 14

À l'aide d'un bâtonnet de bois, peaufinez votre cœur en courbant les pointes du bas vers les côtés externes (pour que l'on voit les pointes courbées).

Puis, arrangez en diagonale (à l'aide d'un pinceau) les côtés arrondis latéraux (le haut de la courbe doit être légèrement plus penché vers le centre).

Photo 15

Afin d'assembler votre orchidée, positionnez le pétale (A) en haut et les pétales (B1 et B2) en bas (légèrement en diagonale). Le bout interne des trois pétales doit être collé les uns sur les autres. Quand la position des pétales vous convient, pressez sur le centre de ceux-ci pour les souder.

NB : Si les pétales ont été trop talqués, appliquez un peu de colle « Bake and bond » (ou de polymère liquide) pour pallier à cet inconvénient. Il est impératif que les pétales soient bien fixés ensemble. Sinon, votre fleur risque de se casser après la cuisson.

Photo 16

Positionnez ensuite les deux pétales latéraux C1 et C2 à cheval sur le trio de pétales. Dès que vous êtes satisfait de l'harmonie de l'assemblage, fixez-les fermement sur le milieu de la fleur.

Surtout ne collez que le centre des pétales (laissez le reste des pétales libres).

Orchidée

Photo 17

Muni d'un pinceau rond à poils souples, colorez l'intérieur du cœur de l'orchidée avec de la poudre de pastel jaune, puis avec du pastel orange sur la petite boule centrale.

Collez votre cœur coloré sur le centre de votre orchidée.

Photo 18

Posez délicatement votre orchidée sur un support concave pouvant passer au four. Le bord arrondi, du bas d'une cannette, fera très bien l'affaire.

Mettez votre orchidée à cuire au four pendant minimum 30 minutes à la température recommandée.

Photo 19

Après cuisson, à l'aide de marqueurs indélébiles, rajoutez les détails du cœur de l'orchidée. Dessinez des petits points orange sur la boule de part et d'autre du cœur (en lignes horizontales) et sur le bas (en forme de petit triangle).

astuce :

Vous pouvez également colorer vos pétales à l'aide de poudre de pastels secs (dans la couleur de votre choix). Commencez toujours par la couleur la plus claire pour finir avec la plus foncée.

Orchidée

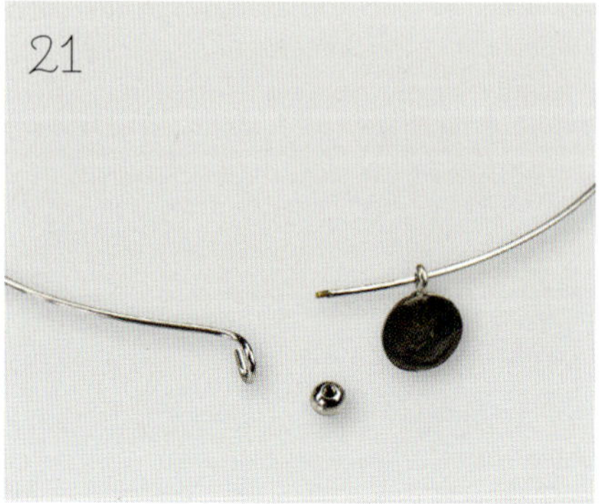

Photo 20

Ensuite, refaites la même opération avec un marqueur indélébile de couleur vermillon (ou de couleur plus foncée) pour accentuer les démarcations.

Photo 21

Pour montez votre orchidée en pendentif, munissez-vous d'un tour de cou en métal à boule et d'une attache ronde.

Dévissez la boule du tour du cou pour pouvoir y insérer l'attache.

Photo 22

Collez l'attache à l'aide de colle super glue gel (sur le haut du revers du pétale central de l'orchidée). Pressez fermement sur l'attache et le pétale pendant 10 secondes pour que le collage soit définitif et durable.

Enfilez l'attache sur le tour de cour et revissez-y la boule.

Pivoine

Pivoine

Fournitures :

- 1 pain de pâte polymère fuchsia ou de la couleur de votre choix
- 2 emporte-pièces gouttes - de 3 cm et 4 cm
- 1 petit emporte-pièce rond de 4 mm de diamètre ou une paille
- 1 cutter de précision
- 1 pinceau rond à poils souples
- 1 tige en bambou de 3 mm d'épaisseur
- 1 carré mousse en caoutchouc

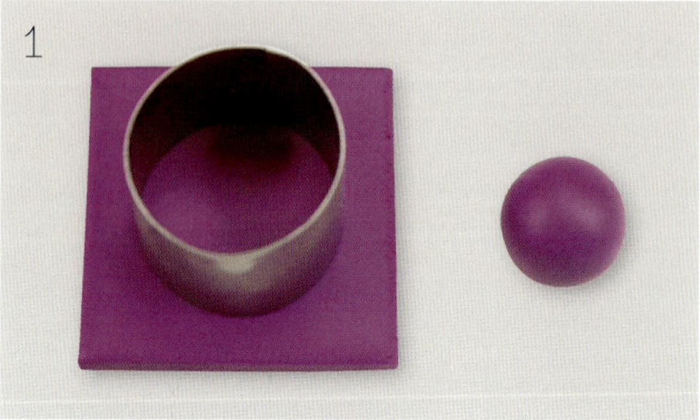

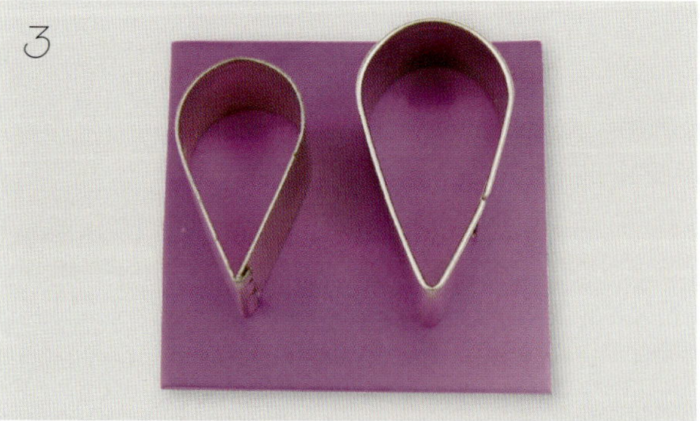

Photo 1

Conditionnez un pain de pâte polymère dans le ton de votre choix. Passez votre pâte dans la machine à pâtes sur le 4ème cran.

Pour la création du cœur de la pivoine, découpez un disque à l'aide d'un emporte-pièce rond de 3 cm et roulez-le en boule lisse et homogène.

Photo 2

Modelez la boule en un petit cône et piquez-le sur une tige en bambou de 3 mm d'épaisseur.

Photo 3

Pour créer les pétales, découpez à l'aide de vos 2 emporte-pièces en forme de goutte une dizaine de gouttes de 3 cm et une vingtaine (ou plus) de gouttes de 4 cm. Assurez-vous que les bords de vos découpes soient lisses et sans défaut.

Pivoine

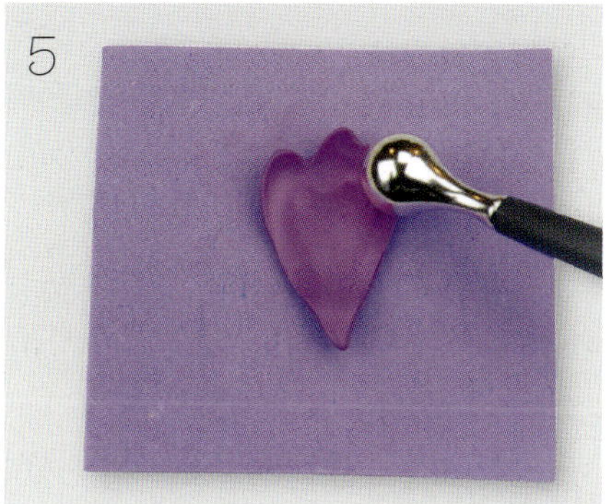

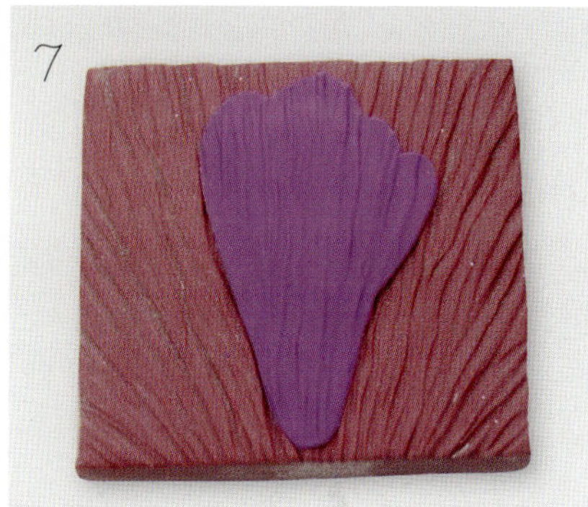

Photo 4

Munissez-vous de votre cutter de précision, découpez le haut des gouttes pour former un bord cranté. Pour un look plus naturel, prenez soin de réaliser des bouts pointus et arrondis de façon aléatoire et non homogène.

Photo 5

Posez un pétale sur un carré de mousse, talquez très légèrement votre pétale à l'aide d'un pinceau rond à poils souples et à l'aide de l'ébauchoir à large boule (placé à cheval sur la pâte et le carré de mousse), affinez votre pétale en glissant la boule sur les bords.

Photo 6

Faites le même mouvement en plaçant votre ébauchoir à boule sur le haut du pétale et en redescendant ver la pointe. Le geste doit être fluide et précis. La boule doit glisser sur la pâte sans accrocher.

Photo 7

Texturez chaque pétale recto verso grâce aux deux moules « texture de fleur » (voir page 12).

N'oubliez pas de talquer vos plaques de textures pour faciliter le démoulage des pétales.

Photo 8

Découpez les pointes de vos pétales de petits formats (3 cm) à l'aide d'une lame.

Photo 9

Enroulez un premier pétale (de petit format) en diagonale sur votre cœur de pivoine. Placez-le de telle manière à ce qu'il englobe les ¾ du cône.

Attention de ne pas coller le haut du pétale sur le cœur. Ancrez seulement les côtés et le bas.

Photo 10

Placez le deuxième pétale à cheval sur le premier de façon à ce que les bords crantés soient esthétiquement placés vers le haut. Ancrez seulement le bas du pétale sur le cœur. Laissez les pointes du pétale « en libre mouvement » (vous pourrez les rajuster par la suite).

Photo 11

Pour finir le premier rang de votre pivoine, rajoutez (de la même manière) un troisième pétale en quinconce sur les deux premiers.

Réalisez un 2ème rang de pétales (de petit format) en les plaçant toujours en quinconce pour former un joli cœur de fleur. Assurez-vous que la hauteur des pétales soit toujours alignée.

Pivoine

Photo 12

Afin de courber les grandes pétales texturés de la 3ème rangée, placez environ 7 pétales (un à un) sur votre carré de mousse et, à l'aide de l'ébauchoir à grosse boule, effectuez un mouvement de va et vient sur le milieu du pétale (juste au dessus de la pointe du bas). Ce mouvement donnera une courbe concave à vos pétales.

Photo 13

Ancrez le bas du premier grand pétale (toujours en quinconce sur le dernier) pour former la troisième rangée de la fleur.

NB : Faites attention de bien garder un léger espace vide entre les différentes couches de pétales. Ainsi la pivoine commencera à prendre du volume vers le haut de la fleur.

Photo 14

Continuez de placer chaque pétale de la 3ème rangée de la même manière. Surtout faites toujours attention de laisser les pointes crantées des pétales en libre mouvement.

Photo 15

Pour donner un look moins structuré à la 4ème rangée, prenez le reste de vos pétales et froissez le bas entre votre pouce et votre index.

Photo 16

Ancrez le bas des pétales, de façon dans un désordre étudié : de côté, de face, superposés, en quiconque...

Photo 17

Placez les pétales de la pivoine de façon harmonieuse en gardant le cœur bien centré et en formant un pourtour de pétales arrondi autour de celui-ci.

Photo 18

Dès la fin de votre 4ème rangée, pressez les pétales entre eux à la base pour les resserrer sur la tige de bambou.

Photo 19

Selon la grosseur de la fleur voulue, vous pouvez rajouter une autre rangée de pétales. Une fois votre dernière rangée assemblée et resserrée, formez un gros colombin (avec le surplus de pâte polymère) sur la tige de bambou.

Photo 20

À l'aide de votre lame, coupez le colombin à 1 cm de la base de votre fleur.

Pour une découpe parfaite, faites une incision avec votre lame (jusqu'à ce que celle-ci touche la tige de bambou) ; ensuite, faites tourner la tige sur elle-même.

Pivoine

Photo 21

Pour créer une pivoine épanouie, rajoutez une dernière rangée de pétales. Assurez-vous de positionner les pétales presque à l'horizontale sur la base de votre pivoine.

Photo 22

Resserrez à nouveau votre fleur (en vous assurant que les pétales soient solidement ancrés) et, à l'aide de votre lame, bien à plat, recoupez le bout central dépassant. Retirez la tige de bambou et placez votre pivoine sur une plaque de cuisson recouverte de feuille de silicone.

Peaufinez votre pivoine en donnant des mouvements désordonnés aux pétales à l'aide d'un pinceau rond à poil souple.

Photo 23

Mettez votre pivoine à cuire au four pendant 30 minutes minimum à la température recommandée.

Pour le montage ultra simple d'une pivoine en pendentif, collez une attache ogive (ou ronde) sur le haut du dos d'un pétale.

Enduisez l'attache de super glue gel, puis pressez fermement sur l'attache et le pétale, pendant 10 secondes pour que le collage soit définitif et durable.

Il ne vous reste plus qu'à enfiler une chaine décorative à travers l'anneau de l'attache et le tour est joué. Si nécessaire, démontez le fermoir et l'anneau pour pouvoir enfiler l'attache.

Rhododendron

Rhododendron

Fournitures :

- 1 demi-pain de pâte polymère rose ou de la couleur de votre choix
- 1/16 de barrette de pâte polymère magenta - pour les anthères
- 1 grand emporte-pièce fleur étoile - à 5 pétales (4 cm de diamètre)
- 3 ébauchoirs à boule Sculpey - petite, moyenne et grande taille
- 1 ébauchoir à bout pointu
- 1 ébauchoir à bout rond ou une aiguille à tricoter n° 4
- 2 pinceaux à poils souple - 1 à bout rond et 1 à bout pointu
- 1 bâtonnet en bois (cure-dents)
- 1 carré mousse en caoutchouc
- 1 éponge en mousse blanche épaisse pour démaquillage
- 1 flacon d'assouplisseur pour pâte polymère ou de polymère liquide (Sculpey)
- 1 boite de crayons aquarelle - ou 1 boîte d'aquarelle en pastilles
- 2 marqueurs indélébiles de couleur (magenta et bordeaux)
- 1 bobine de fil de laiton teinté de 0,30 mm - pour les étamines - (couleur au choix)
- 1 pince à bijoux à bouts ronds
- 1 plaque d'ouatine de 3 cm d'épaisseur (recommandé pour les pâtes ne se cuisant pas à plus de 130°)
- 1 pistolet à air chaud

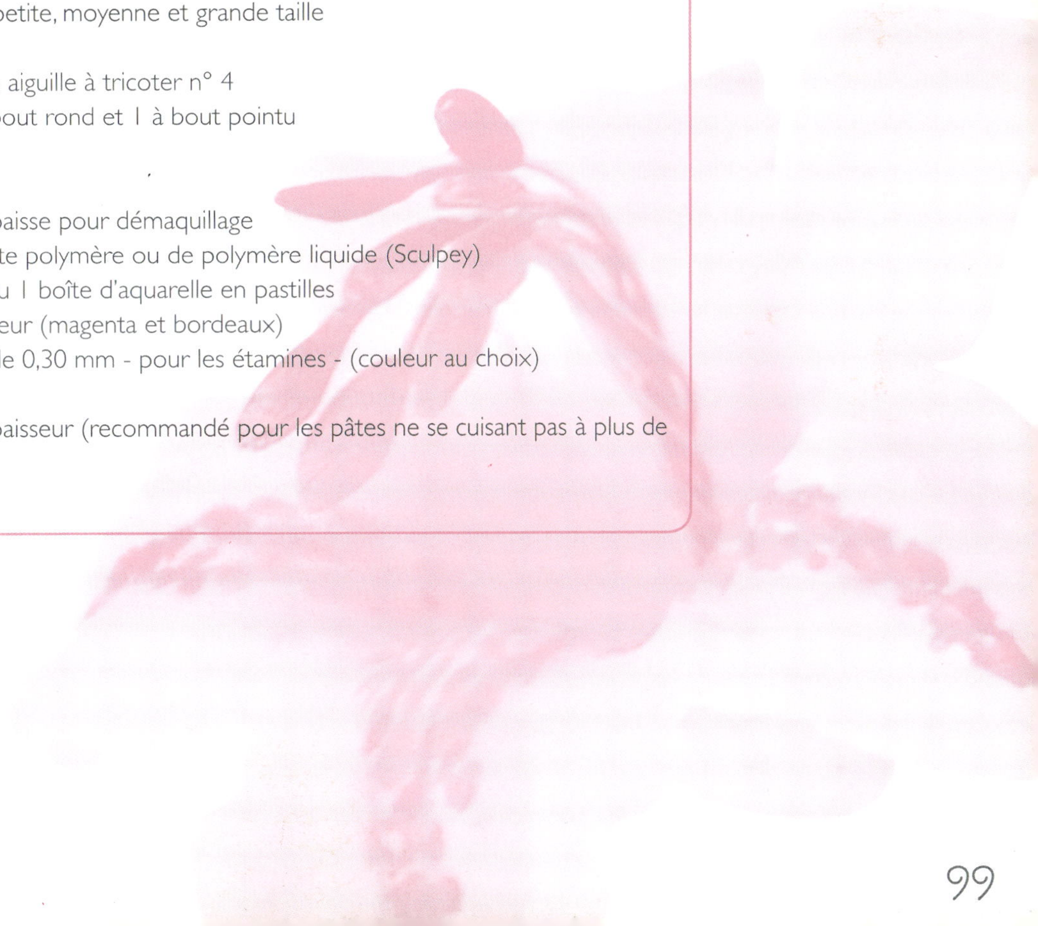

Rhododendron

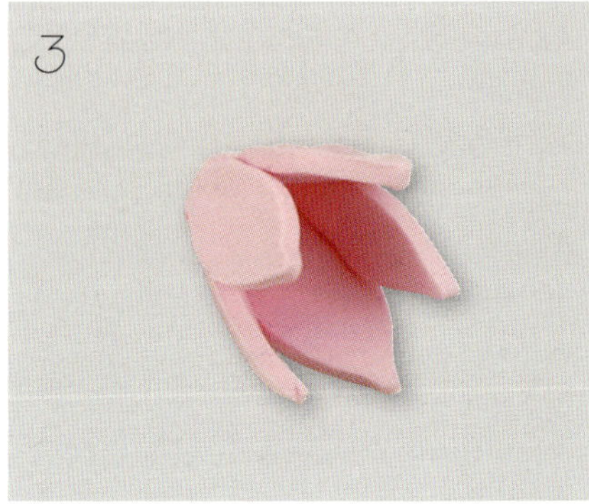

Photo 1

Pour créer la fleur de rhododendron, conditionnez ½ pain de pâte polymère dans le ton de votre choix. Passez votre pâte dans la machine à pâtes sur le 4ème cran. Ensuite, à l'aide d'un grand emporte-pièce fleur-étoile (de 4 cm), découpez autant de fleurs que vous désirez réaliser pour votre bijou. Assurez-vous que les bords de vos découpes soient lisses et sans défaut.

Photo 2

Prenez délicatement votre fleur et pincez/soudez à l'aide de votre pouce et votre index, chaque côté de pétales entre eux sur une hauteur d'environ 1 cm. Laissez le reste des pétales séparés.

Photo 3

Cette étape terminée, vous devriez avoir une composition en clochette semi-ouverte.

Photo 4

Pour donner forme à votre fleur, placez-la sur un ébauchoir à large embout pointu (légèrement talqué). Resserrez le haut de la fleur, sur l'embout, en pressant délicatement la pâte sur le cône avec des mouvements rotatifs et réguliers.

Rhododendron

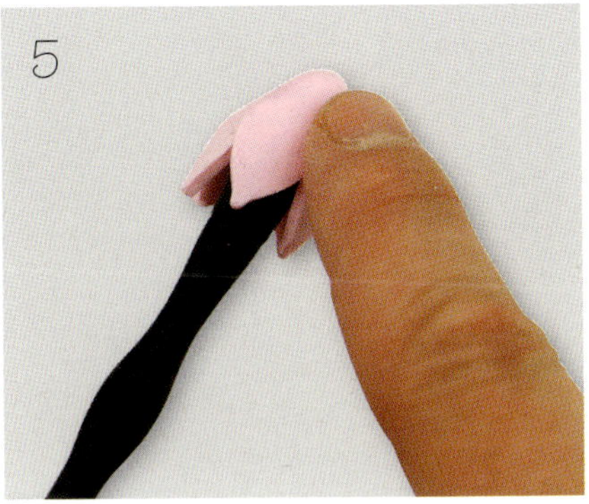

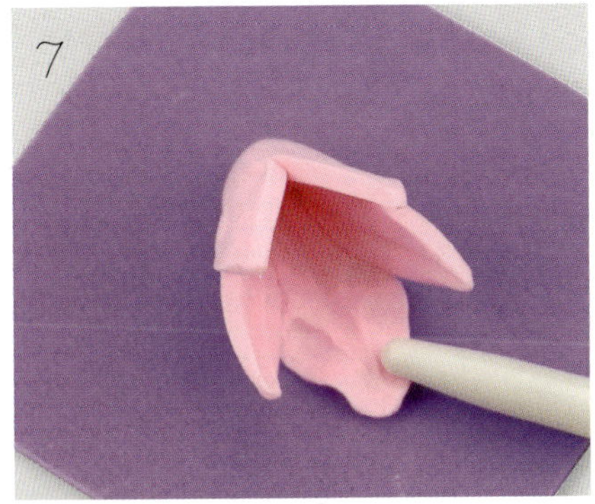

Photo 5

Modelez le haut de la fleur en pointe arrondie. Ensuite, assurez-vous que tous les bords pincés des pétales soient bien soudés entre eux.

Photo 6

Placez votre fleur sur le carré de mousse et, à l'aide d'un ébauchoir pointu (placé à l'horizontale), faites une encoche sur la moitié de chaque pétale.

Photo 7

Ensuite, muni d'un ébauchoir à bout arrondi (ou d'une aiguille à tricoter n° 4), affinez les bords de la fleur en partant du haut de chaque pétale (sans effacer la démarcation du milieu) puis en redescendant vers le bas (de chaque côté).

NB : Tenez l'ébauchoir presque à l'horizontale et effectuez des petits mouvements de va et vient. Cela donnera une texture chiffonnée à la fleur.

Photo 8

Après cette étape, votre fleur devrait être plus ouverte, les pétales élargis, les bords affinés et texturés.

Rhododendron

Photo 9

À l'aide de votre ébauchoir à moyenne boule, lissez délicatement les textures intérieures des pétales. (Ne touchez pas aux bords froissés des pétales).

La boule doit glisser sur la pâte sans accrocher. Si nécessaire, mettez un soupçon de talc sur les pétales (à l'aide d'un pinceau à poils souple) pour éviter que l'ébauchoir colle à la pâte polymère.

Photo 10

Afin de donner la forme bombée à votre rhododendron, placez-le sur une éponge en mousse épaisse (côté creux vers le bas) et, à l'aide du moyen ébauchoir à boule, pressez délicatement sur le milieu de chaque pétale. Ce mouvement donnera un mouvement arrondi sur l'endroit de votre fleur.

Photo 11

Replacez votre rhododendron à l'endroit sur votre éponge en mousse et, à l'aide du large ébauchoir à embout pointu (placé au centre de la fleur), pressez délicatement sur l'éponge.

Rhododendron

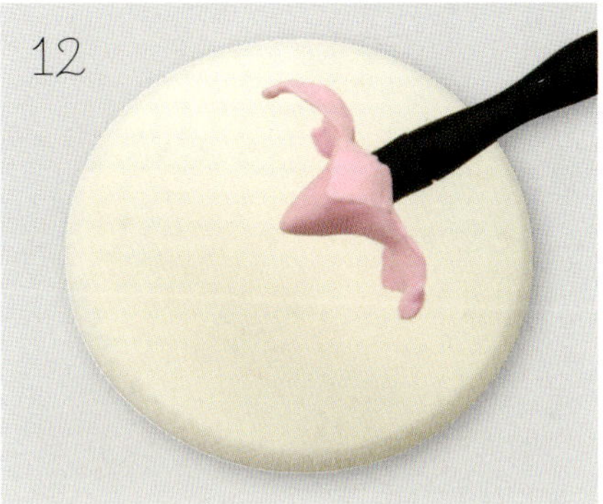

Photo 12

Cette étape accentuera le creux du rhododendron et lui donnera une jolie pointe.

Photo 13

Enlevez délicatement l'ébauchoir de votre fleur.

Photo 14

Pour créer la forme finale de votre rhododendron, retournez à nouveau la fleur (pointe vers le haut) sur l'éponge en mousse épaisse. Puis, muni de votre ébauchoir à moyenne boule, faites des encoches (de façon aléatoire) sur les bords des pétales.

Photo 15

Peaufinez les bords des fleurs en effectuant la même étape avec votre ébauchoir à petite boule.

Attention de ne pas percer ou déchirer vos bords en le faisant. Ayez des gestes délicats.

Rhododendron

Photo 16

À l'aide de la pointe d'un bâtonnet de bois, percez le centre de vos rhododendrons.

Photo 17

Si nécessaire, réajustez les bords de vos fleurs à l'aide de l'ébauchoir à petite boule.

Photo 18

Placez délicatement vos rhododendrons (tête vers le bas) sur un morceau d'ouatine. Ainsi, leur forme sera préservée pendant la cuisson. Si vous n'avez pas de ouatine, mettez vos fleurs sur une feuille de silicone ou sur une couche épaisse de bicarbonate de soude.

Mettez-les à cuire au four pendant 30 minutes minimum à la température recommandée.

Rhododendron

Photo 19

Après cuisson, colorez vos rhododendrons à l'aide de crayons aquarelle. Commencez par dessiner des traits espacés au crayon blanc sur l'ensemble des pétales.

Photo 20

Ensuite, à l'aide d'un crayon rouge cerise, dessinez des traits (en forme de triangle allongé) sur le milieu du pétale du haut et sur la moitié du haut des pétales latéraux.

Photo 21

Munissez-vous d'un pinceau pointu humide, estompez avec les traits de crayon blanc, puis les traits cerise pour donner à la fleur une couleur plus naturelle.

Si vous ne disposez pas de crayons aquarelle, vous pouvez utilisez de l'aquarelle en pastilles.

Photo 22

N'hésitez pas à estomper/effacer (avec de l'eau) ou accentuer les couleurs (en rajoutant de l'aquarelle) afin d'obtenir le résultat voulu.

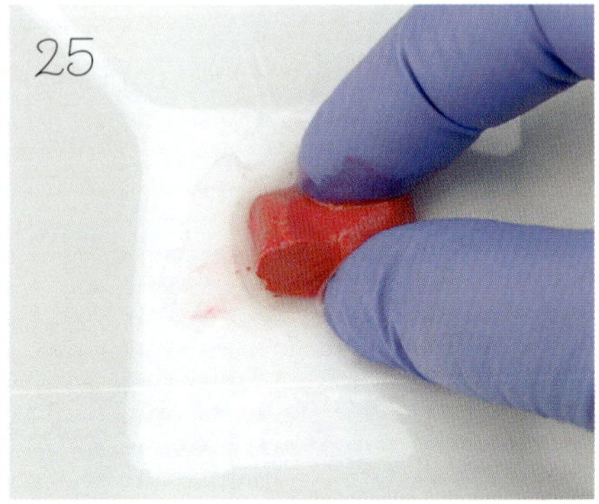

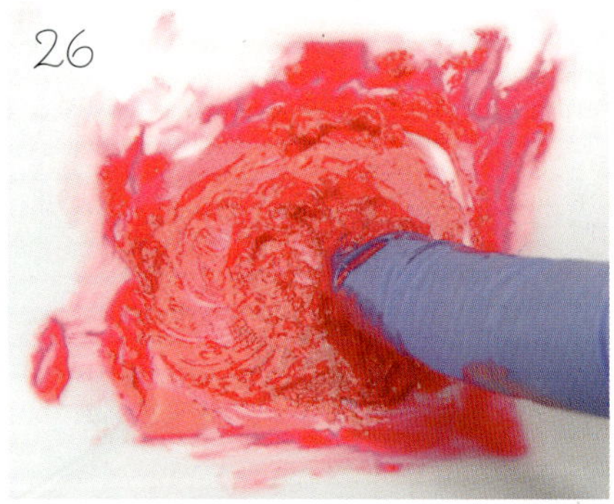

Photo 23

Pour finir, à l'aide d'un marqueur indélébile de couleur magenta, dessinez des petits points par-dessus la couleur. Refaites la même opération avec un marqueur indélébile de couleur bordeaux sur le cœur de la fleur et sur les côtés afin de souligner les démarcations.

Photo 24

Afin de créer les anthères, des pistils de vos rhododendrons, vous aurez besoin de pâte polymère fluidifiée.

Pour ce faire, prenez un petit carré de pâte polymère et rajoutez 3 gouttes d'assouplisseur (ou de polymère liquide).

Photo 25

Enfilez une paire de gants en latex et malaxez les deux produits pour les mélanger de façon homogène.

Photo 26

Rajoutez 2 gouttes d'assouplisseur, puis écrasez et étalez la mixture sur votre surface pour bien mélanger (avec le bout du doigt ou à l'aide d'une spatule) la pâte amollie.

Si nécessaire, rajoutez (une goutte à la fois) de l'assouplisseur jusqu'à obtention d'une mixture homogène et lisse (sans granule).

Rhododendron

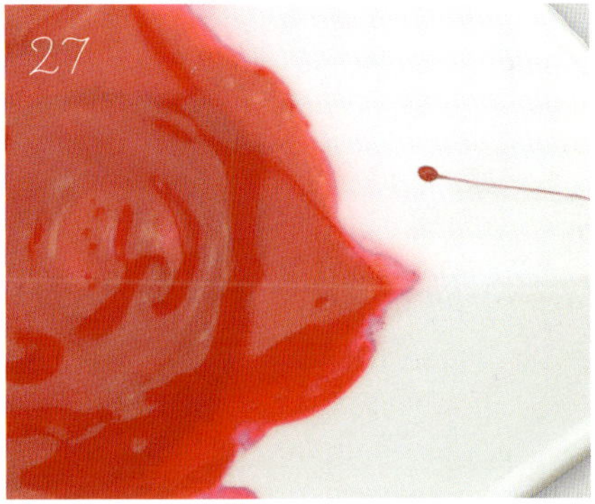

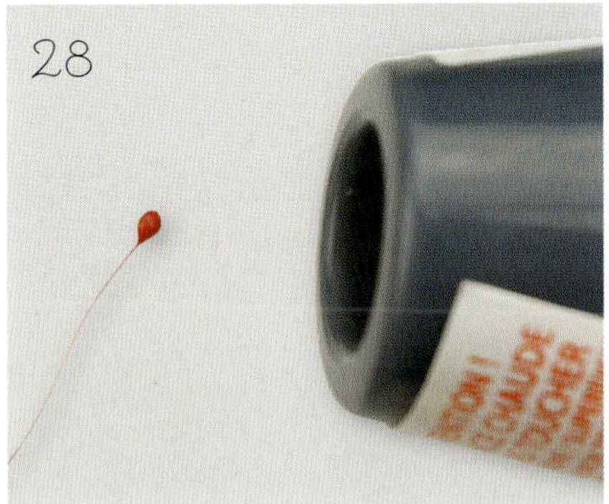

Photo 27

Pour créer les étamines, découpez (pour chaque fleur) 9 tiges de laiton fuchsia d'environ 5 cm de longueur. Avec une pince à bouts ronds, repliez un bout de chaque tige pour former une goutte. (Voir page 30)

Ensuite, enduisez le bout arrondi de vos pistils de polymère fluidifié. Assurez-vous que le fil de laiton recourbé soit entièrement recouvert.

Photo 28

Faites cuire chaque anthère au pistolet à air chaud pendant environ une minute en tournant le pistil sur lui-même pour une cuisson uniforme.

Attention de ne pas brûler votre pâte (et vos doigts) en le tenant trop prêt du pistolet air chaud.

Photo 29

Courbez les tiges des pistils pour qu'ils forment une courbe harmonieuse. Positionnez-les en forme d'éventail vertical, puis tortillez les tiges entre elles (en ne touchant pas aux courbes) à environ 2 cm des anthères.

Pour coller les pistils dans le cœur du rhododendron, enduisez la tige de colle à bijoux (à l'endroit où la tige traverse la fleur). Vous pouvez également mettre une discrète goutte de colle sur le dos de jonction de la tige/fleur.

Laissez la colle sécher avant tout autre manipulation.

Photo 30

Peaufinez la tige des rhododendrons en les recouvrant de ruban de « floral tape » - blanc pour ce projet (voir page 33).

Photo 31

Positionnez une deuxième fleur (en retrait), ensuite enroulez le ruban sur les deux tiges d'un tour complet (en les resserrant le plus étroitement possible).

Rajoutez un troisième rhododendron en recommençant l'opération. Assurez-vous AVANT chaque rajout de fleurs que l'assemblage soit harmonieux.

Rhododendron

Photo 32

Pour monter les fleurs sur un anneau en métal, fixez fermement le bout d'un ruban « floral tape » (d'environ 10 cm) sur celui-ci.

Photo 33

Ancrez votre petit bouquet à l'aide du ruban sur l'anneau. Assurez-vous de bien serrer les tiges sur le support. Puis pour étoffer et parfaire la composition, rajoutez une dernière fleur sur le ruban de façon à ce que sa position cache (au mieux) le ruban.

Photo 34

Ensuite, il ne vous reste plus qu'à rajouter un petit anneau de jonction de 5 mm sur l'anneau décoratif et d'y rajouter une jolie chaine.

Sofia

Sofia

Fournitures :

- 1 demi-pain de pâte polymère lilas ou de la couleur de votre choix
- ¼ de barrette de pâte polymère - pour les anthères (couleur au choix)
- 1 petit emporte-pièce rond de 4 mm de diamètre ou une paille
- 1 petit emporte-pièce goutte de 2 cm
- 1 moyen emporte-pièce fleur arrondie à 5 pétales (3 cm de diamètre)
- 1 petit emporte-pièce fleur arrondie - optionnel (18 mm de diamètre)
- 2 ébauchoirs à boule Sculpey - moyenne et grande taille
- 1 ébauchoir en silicone à moyen bout pointu (ou le côté inverse de l'ébauchoir à petite boule)
- 1 aiguille de 0,5 mm de diamètre
- 1 pinceau rond à poils souple
- 1 carré mousse en caoutchouc
- 1 flacon de polymère liquide
- 1 boite de pastels secs
- 1 bobine de fil de cuivré teinté de 0,50 mm - pour les étamines - (couleur au choix)
- 1 pince à bijoux à bouts ronds
- 1 éponge en mousse blanche épaisse pour démaquillage
- 1 plaque d'ouatine de 3 cm d'épaisseur (recommandé pour les pâtes polymère ne se cuisant pas à plus de 130°)

Photo 1

Pour créer la fleur Sofia, conditionnez ½ pain de pâte polymère dans le ton de votre choix. Passez votre pâte dans la machine à pâtes sur le 4ème cran. Ensuite, à l'aide d'un moyen emporte-pièce fleur (à 5 pétales), découpez autant de fleurs que vous désirez réaliser pour votre bijou. Assurez-vous que les bords de vos découpes soient lisses et sans défaut.

Sofia

Photo 2

À l'aide de la pointe d'un emporte-pièce goutte, découpez un petit triangle sur le centre de chaque pétale.

Photo 3

Posez une fleur sur un carré de mousse et, à l'aide de l'ébauchoir à moyenne boule (placée à cheval sur la pâte et le carré de mousse), affinez les bords de vos pétales. Le geste doit être fluide et la boule doit glisser sur la pâte sans accrocher.

NB : Si nécessaire, talquez très légèrement la fleur à l'aide d'un pinceau rond à poils souples.

Photo 4

En effectuant ce geste, les bords de vos pétales vont s'affiner et également s'élargir. Faites donc attention que les pétales restent bien séparés les un des autres.

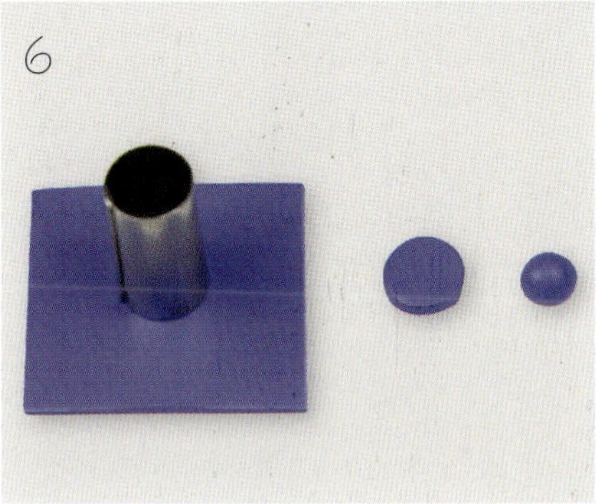

Photo 5

Pour que la fleur se décolle librement du carré de mousse, vous pouvez légèrement le talquer à l'aide de votre pinceau.

Afin de texturer deux sillons centraux et recourber votre pétale, placez votre boule sur le haut (à gauche de la découpe en triangle) et glissez la boule vers le centre de la fleur. Refaites le même geste du côté droit de la découpe en triangle. Répétez cette opération sur tous les pétales de votre fleur Sofia.

Photo 6

Découpez à l'aide de votre petit emporte-pièce rond (ou d'une paille) autant de disques que vous avez de fleurs. Formez une boule, et raplatissez-la.

Photo 7

Placez la boule aplatie au centre (de l'envers) de chaque fleur. Cette opération permettra de solidifier le cœur de la fleur et d'éviter tout déchirement ou fragilisation de la pâte.

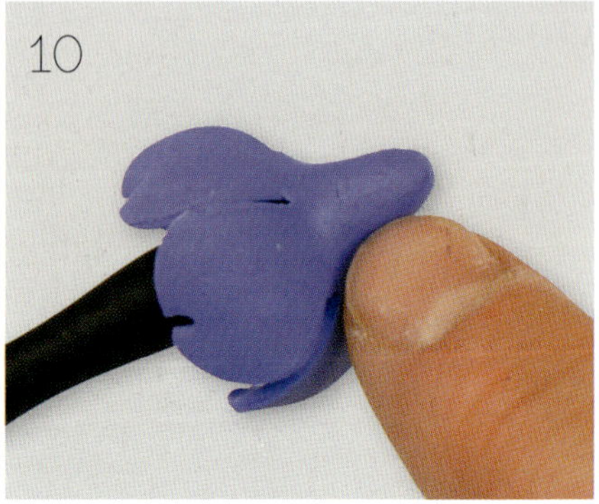

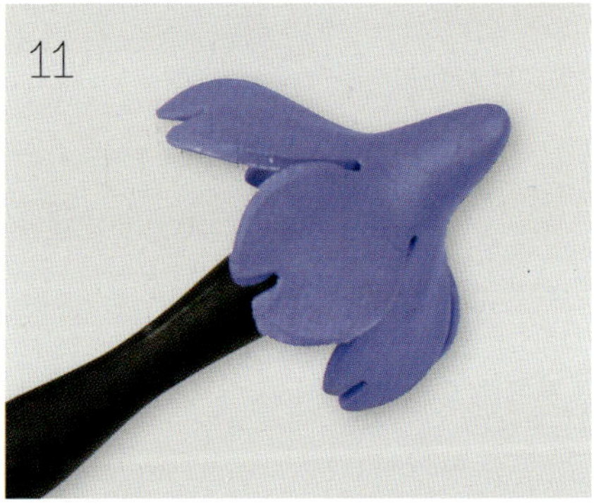

Photo 8

Replacez votre fleur à l'endroit sur une éponge en mousse épaisse. Talquez légèrement votre ébauchoir en silicone (à moyen embout pointu) et positionnez-le à la verticale sur le centre de la fleur.

NB : Assurez-vous que vous appuyez bien sur le centre du disque, placé sur l'envers de la fleur.

Photo 9

Pressez délicatement (par à-coup) l'ébauchoir sur l'éponge en mousse. Ce mouvement creusera le centre (en formant une pointe) et recourbera les pétales vers l'intérieur de la fleur.

Photo 10

Soulevez précautionneusement votre fleur de l'éponge en mousse et remodelez la pointe pour lui donner une forme harmonieuse.

Photo 11

Quand vous avez obtenu une jolie pointe, lissez-la (surtout au niveau de la jointure du disque). Prenez soin d'effacer toutes traces disgracieuses.

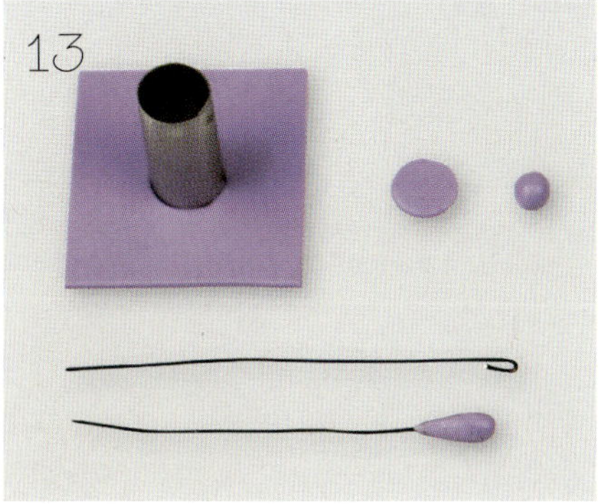

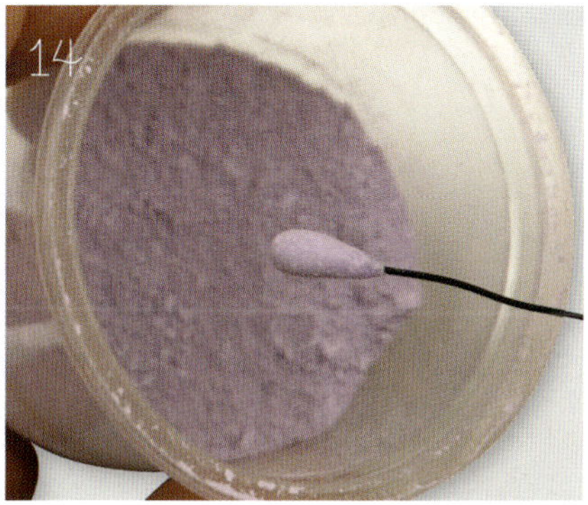

Photo 12

Afin de colorer le cœur de la fleur Sofia, munissez-vous de poudre de pastel sec (dans la couleur de votre choix) et appliquez celle-ci avec un pinceau à poil souple. Prenez bien soin de tamponner la poudre sur le milieu et dans le creux de la fleur pour bien faire pénétrer les pigments dans la pâte polymère.

Photo 13

Pour créer les étamines, découpez 1 tige de fil cuivré (pour chaque fleur) d'environ 5 cm de longueur. Avec une pince à bouts ronds, repliez un bout de chaque tige pour former une goutte.

Muni de votre petit emporte-pièce rond, découpez un disque (par fleur), ensuite, formez une petite boule. Prenez celle-ci et aplatissez-la sur la partie arrondie de la tige. Formez un bout arrondi sur le haut et affinez le bas en le tournant entre le pouce et l'index. Vous devriez obtenir une anthère en forme de goutte.

Photo 14

Enrobez le bout de vos anthères en les plongeant dans de la poudre de pastel sec (dans la couleur de votre choix).

Secouez l'excédent de poudre en tapotant le pistil sur le bord du godet. Ainsi, vous pourrez avoir une meilleure appréciation du recouvrement réel adhérant sur celle-ci.

Photo 15

Pour assembler la fleur Sofia, percez le bout de votre fleur à l'aide dune aiguille (ou d'un bout de fil de cuivre).

Mettez une goutte de colle « Bake and bond » sur tout le pourtour pointu de l'anthère.

Photo 16

Ensuite, ancrez solidement votre pistil au creux du cœur de la fleur.

Placez délicatement vos fleurs la tête en bas, sur un morceau d'ouatine (ou une feuille de silicone). Ainsi, leur forme sera préservée pendant la cuisson.

Mettez vos fleurs Sofia à cuire au four pendant 30 minutes minimum à la température recommandée.

option :

Pour créer une fleur Sofia miniature, refaites la même opération en utilisant l'emporte-pièce fleurs de 18 mm de diamètre.

Sofia

17

18

Photo 17

Pour un montage original, procurez-vous une cage d'oiseau miniature (ou tout autre support décoratif de votre choix). Suspendez la cage (grâce à un anneau de jonction de 5 mm) sur une longue chaine. Ensuite, coupez la tige de vos fleurs (à environ 10 mm de la base de la coupelle) et formez un anneau à l'aide d'une pince à bouts ronds. Si vous le désirez, vous pouvez, comme sur l'exemple, rajouter une feuille décorative. (Voir pages 14 et 15)

Photo 18

Il ne vous reste plus qu'à suspendre vos fleurs et votre feuille sur l'anneau de jonction, ou/et sur l'anneau de la cage.

Lily

Lily

Fournitures :
- 2 barrettes de pâte polymère translucide
- 1/8 de pâte polymère (pour les anthères) couleur au choix
- 1 tube de peinture à l'huile dans la couleur de votre choix
- 1 emporte-pièce rond de 12 mm de diamètre
- 1 ébauchoir à boule Sculpey de grande taille
- 1 grosse aiguille d'1 mm d'épaisseur
- 1 coton tige
- 1 paire de gant en latex
- 1 flacon de polymère liquide ou d'assouplisseur pour pâte polymère
- 1 flacon d'encre à alcool (dans la couleur de votre choix)
- 1 carré mousse en caoutchouc
- Pistolet à air chaud

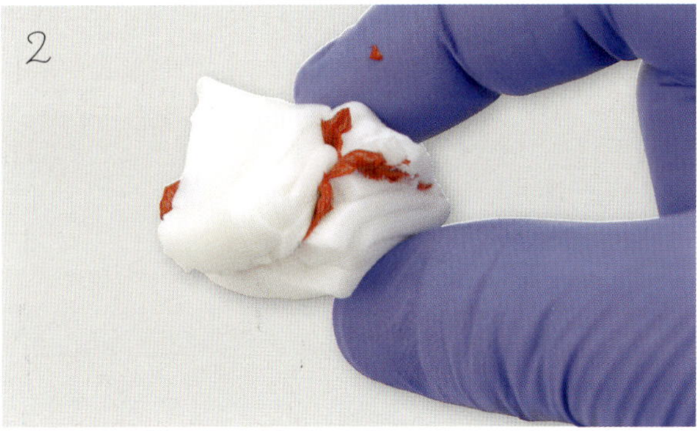

Photo 1

Pour obtenir une pâte colorée translucide, conditionnez vos 2 barrettes dans votre machine à pâte (sur la plus grosse épaisseur) et rajoutez-y de la peinture à l'huile (de la taille d'un petit pois).

Photo 2

Enfilez des gants de latex et malaxez la pâte polymère pour bien y incorporer la peinture à l'huile. Votre pâte est prête à l'utilisation quand la couleur de celle-ci est homogène.

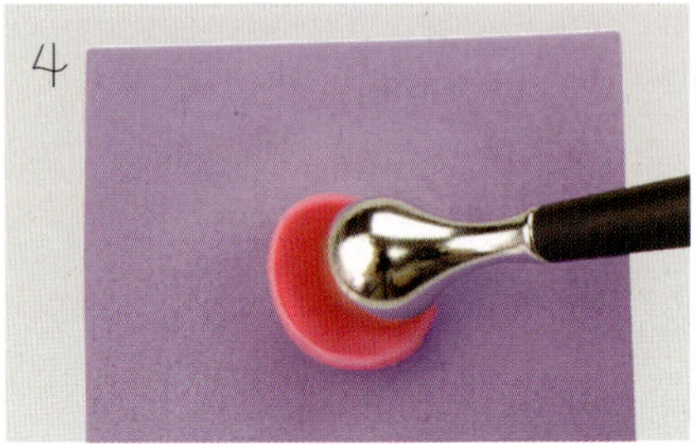

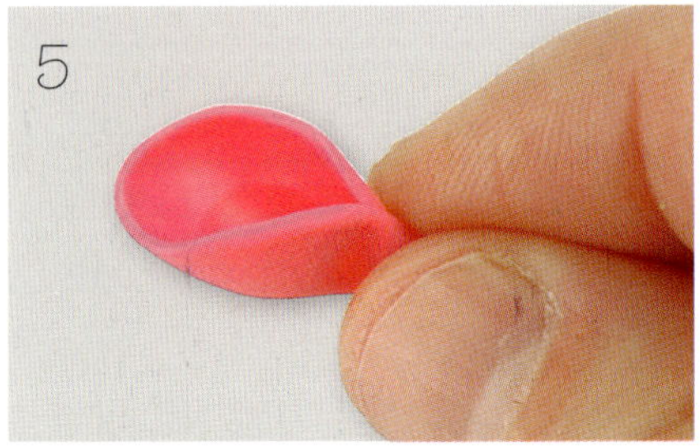

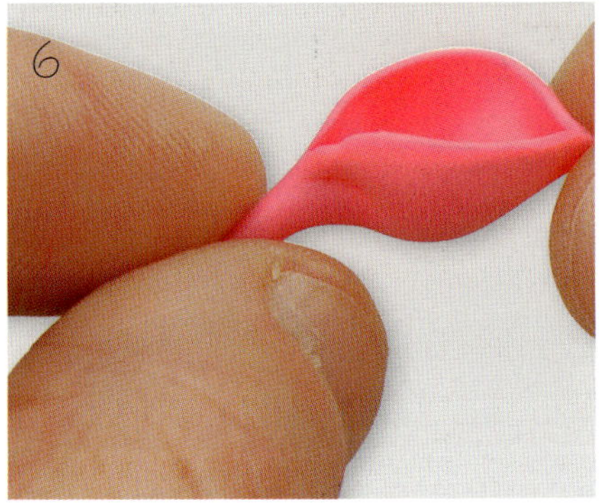

Photo 3

Passez la pâte colorée dans votre machine à pâtes sur le 4ème cran. Ensuite, à l'aide d'un emporte-pièce rond (de 12 mm de diamètre), découpez autant de ronds (par multiples de 6) que vous désirez réaliser de fleurs.

Photo 4

Posez un disque sur votre carré de mousse et, à l'aide de l'ébauchoir à large boule, affinez les bords du disque. Le geste doit être circulaire, fluide et précis. La boule (placée à cheval sur la pâte et le carré de mousse) doit glisser sur la pâte sans accrocher.

Dès que vos bords sont affinés, continuez le même mouvement rotatif en avançant vers le centre du disque. Ce geste précis donnera à vos disques une forme de coupelle.

Photo 5

Pincez un côté d'une coupelle entre votre pouce et votre index pour lui donner une forme de larme concave.

Ensuite, roulez le bout pointu entre vos doigts pour former un colombin.

Photo 6

Pincez délicatement le bout arrondi du pétale pour former une petite pointe.

Lily

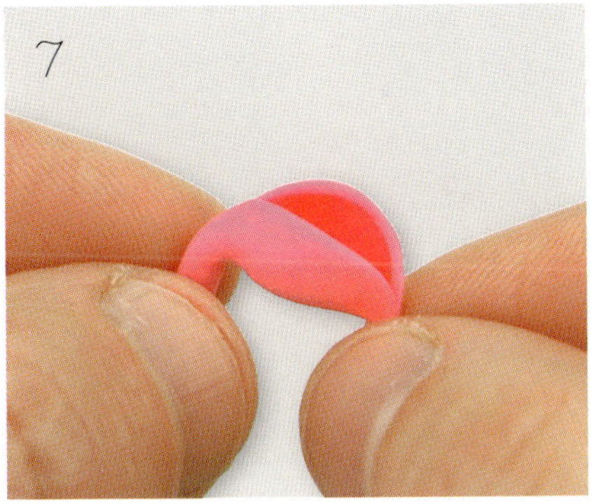

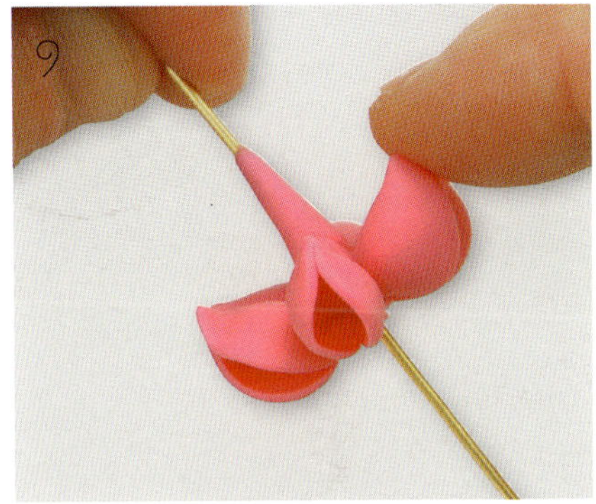

Photo 7

Ensuite, pliez avec précaution le colombin pour former un angle droit avec le pétale.

Faites-en de même pour les autres pétales de la fleur Lily.

Photo 8

Assemblez, trois par trois, les pétales de façon à former 2 demi-cercles.

Photo 9

Rassemblez deux trios de pétales en les ancrant sur une grosse aiguille. Assurez-vous de bien les positionner au centre de celle-ci. Ensuite, roulez les deux colombins (entre deux doigts) sur votre aiguille pour former une fine tige évasée.

À l'aide de votre doigt, relevez délicatement les pointes des pétales vers le haut de la tige.

Photo 10

Placez vos fleurs sur un support pouvant passez au four (un verre, ou un emporte-pièce fera très bien l'affaire).

Mettez-les à cuire au four pendant 30 minutes minimum à la température recommandée.

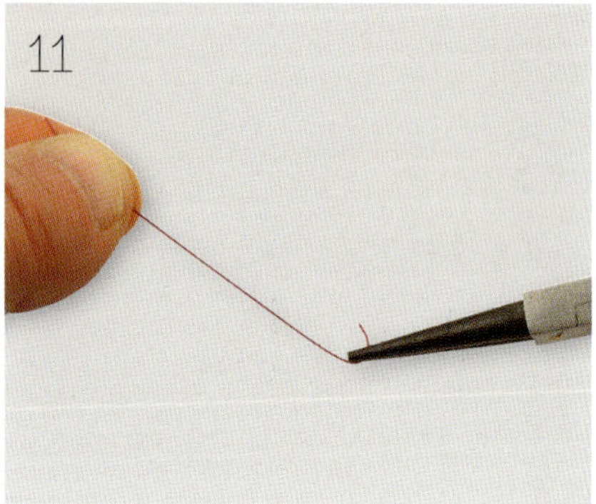

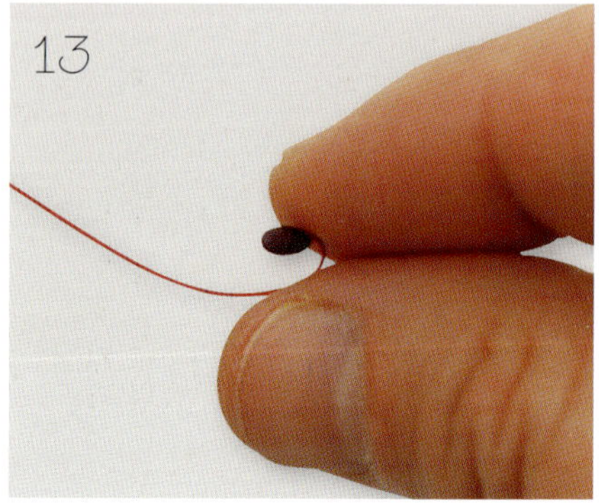

Photo 11

Pour créer les pistils, coupez (pour chaque fleur) 4 bouts de fil câblé d'environ 5 cm de long.

Puis, muni d'une pince à bout rond, formez une boucle à une extrémité de chaque fil.

Photo 12

Pour réaliser les anthères, plongez le bout courbé dans du polymère fluidifié (voir page 106).

Faites cuire la petite goutte de polymère fluidifié à l'aide d'un pistolet à air chaud pendant environ une minute. Si la goutte est trop petite, replongez-la dans la mixture et refaites-la cuire.

Photo 13

Si nécessaire, accentuez la courbe du pistil en arrondissant celle-ci avec vos doigts.

Assemblez 4 pistils et insérez les dans la tige de la fleur (assurez-vous qu'ils soient harmonieusement disposés), puis ajoutez une goutte de colle sur le haut des tiges pour les ancrer. Ensuite, coupez avec soin, le haut des fils câblés qui dépassent de la fleur.

Lily

Photo 14

Pour colorer la fleur, mettez une goutte (de couleur plus foncé que celle de votre fleur) d'encre à alcool sur un coton-tige et à l'aide du bout légèrement imbibé d'encre, colorez les pointes de votre fleur Lily, ainsi que la tige centrale.

Photo 15

Afin de monter vos fleurs Lily en boucles d'oreille, collez (à l'aide de colle à bijoux) une attache tube de 3 mm (ou d'un diamètre adapté à votre fleur). Ensuite, il ne vous reste plus qu'à les suspendre sur des attaches «dormeuse» de votre choix.

Montage Guirlande de Fleurs

Fournitures :

- 1 tube en PVC, buna, soft glass, ou en pâte polymère (pour le tour de cou)
- 1 fermoir tube (ou des apprêts appropriés)
- 1 pince à bijoux à bouts ronds
- 1 pince coupante
- 1 tube de colle à bijoux
- Une bobine de ruban de « floral tape »

Optionnel :

- 1 flacon de peinture à alcool (de la couleur de votre tour de cou)
- 1 coton- tige
- 1 paire de gants en latex

Photo 1

Pour un montage composé de plusieurs fleurs/feuilles, assemblez des petits bouquets de deux à trois branches. Quand vous êtes satisfait de la disposition d'un petit bouquet, tortillez les tiges ensemble pour n'en former qu'une.

Ensuite, recouvrez les tiges de « floral tape » (voir page 33).

Photo 2

Si nécessaire, teintez le ruban « floral tape » (de la tige du bouquet) à l'aide d'un coton-tige imbibé d'encre à alcool du même ton que votre tour de cou.

Photo 3

Ensuite, muni d'une pince à bouts ronds, formez une vrille avec la tige de vos fleurs (du même diamètre que votre tour de cou).

Montage Guirlande de Fleurs

Photo 4

Enfilez et positionnez vos bouquets de fleurs sur le tour de cou en vous assurant que la vrille soit assez serrée (afin que le bouquet ne bouge pas sur le tube).

Photo 5

Quand vous êtes de satisfait la disposition de vos bouquets et de l'harmonie de votre collier, mettez une petite goutte de colle à bijoux, ici et là, pour consolider le montage.

Coupez votre tour du cou à la longueur désirée. Ensuite, collez un fermoir-tube (ou autres apprêts appropriés) pour terminer le montage de votre collier « Guirlande de Fleurs ».

conseil :

Commencez l'enfilade sur le tour de cou par la fleur centrale puis continuez l'assemblage de part et d'autre de la fleur.

Lexique

A

Apprêts pour bijoux : accessoires de bijouterie aidant au montage (attaches, bélières, anneaux, etc.).

Assouplisseur pour argiles polymères : un agent qui rend toutes les argiles polymères du marché plus souple et malléable. À utiliser avec parcimonie (Sculpey Clay Softener ou Mix Quick de Fimo).

B

Barrette : mesure utilisée dans ce livre - 1 barrette équivaut à 1/8ème d'un pain de 56 g de pâte polymère.

Bake and bond : colle de la marque Sculpey, idéale pour coller la pâte polymère crue ou cuite. Adhère à l'argile durcie et non durcie et aux surfaces poreuses sans finition telles que le bois, le papier et la toile. Cette colle ne sèche pas à l'air et doit être cuite pour adhérer.

C

Cutter de précision : lame de précision pointue et aiguisée montée sur un manche.

Colle à bijoux : colle transparente à prise lente idéale pour collage sur supports durs (verre, céramique, plastiques durs et métaux). Non recommandée pour PVC, polystyrène, caoutchouc, etc.

Colle super glue : colle instantanée super puissante non recommandée pour le verre et certains plastiques.

Conditionner (de la pâte) : consiste à ramollir la pâte polymère de façon homogène à la main ou à la machine à pâtes.

E

Ébauchoirs : outils de modelage de formes variées utilisés pour travailler la pâte à modeler, permettant d'entailler, ciseler et façonner la pâte polymère. Ils peuvent être en bois, en plastique, en silicone ou en métal.

Éponge en mousse : éponge blanche épaisse en latex utilisée habituellement pour maquillage.

Encres à alcool : encres pouvant être mélangées entre elles. Peuvent être utilisées telles quelles ou à l'aide d'un diluant (alcool à 90° ou diluant de marque) sur de la pâte polymère crue ou cuite pour la teinter ou obtenir des effets spéciaux.

F

Floral tape : rouleau de ruban de papier crépon enduit de paraffine, utilisé par les fleuristes pour les arrangements floraux.

M

Mousse en caoutchouc : feuille « papier mousse » de 2 mm d'épaisseur utilisée comme matériau pour les loisirs créatifs.

O

Ouatine : coupon d'ouate épaisse de 2 à 3 cm (molleton) pouvant être acheté dans un magasin de textile, utilisé comme support de cuisson (n'excédant pas 130°C) pour les créations délicates ou en relief.

P

Pâte polymère liquide : fluide et transparente, elle peut servir à la réalisation de transfert d'image, d'effet émaillé, des multicouches, de glaçage, de colle, etc.

Pâte adhésive : pâte blanche malléable, repositionnable, décollable, pour une fixation rapide et propre de petits objets sur presque tous les matériaux. La Patafix est idéale pour positionner et surélever les créations à vernir ou pour aider au montage délicat/temporaire de certains bijoux.

Pastels secs : petits bâtons de pâte de couleur composés de pigments et de gomme.

Poudre à pigments : irisée, métallisée, nacrée, ou matte. Peut être utilisée pour patiner la surface de la pâte polymère ou pour colorer la pâte polymère translucide ou liquide (Pearl Ex, lumières, ou du fard à paupière).

Poudre de pastel : bâton de pastels secs réduit en poudre en le raclant à l'aide d'une lame.

Pistolet à air chaud : utilisé pour embosser, pour sécher de l'encre, etc.

Pistolet à colle chaude : parfait pour les collages difficiles, prise et assemblage rapide.

Carnet d'adresses et Gabarit Orchidée

Carnet d'adresses

Retrouvez toutes les perles et apprêts utilisés dans ce livre dans la boutique en ligne de l'auteure :
Création my way
http://www.creationmyway.com/perles

Les fournisseurs attitrés pour tous vos besoins polymérique
Polymère Passion
http://polymerepassion.com

ABBIE Loisirs
http://www.abbie-loisirscreatifs.com
(Encore merci !)

Autres fournitures :
Pinceaux, peintures à l'huile et aquarelles fournies par **Pébéo**

Sites incontournables :
Parole de Pâte - français
http://paroledepate.canalblog.com

Polymer Clay Daily - international
http://polymerclaydaily.com

Gabarit Orchidée

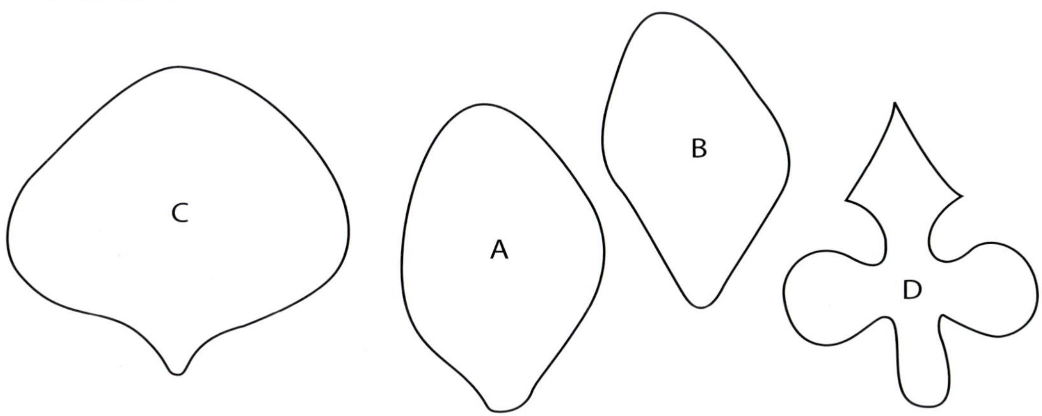

A - pétales du haut
B - petale du bas

C - pétales latéraux
D - cœur

Remerciements

Merci à toute l'équipe de Creapassions et à mon éditrice Emmanuelle Prot
pour m'avoir donné l'opportunité de réaliser et d'éditer ce nouveau livre.

Tout mon amour et ma gratitude à ma petite famille, mes fans inconditionnels !

À mon cher époux, sans qui rien ne serait possible...
À ma plus belle création et ma joie de vivre, ma fille Anaïs,
et tout spécialement à ma mère pour m'avoir transmis sa passion des fleurs.

Merci également à mes amies Jancydol et Liz and Frog
qui m'ont si gentiment conseillée et soutenue tout au long de cette aventure « littéraire ».

Un dernier merci à tous les personnes qui m'ont congratulée pour mon premier livre,
qui m'ont suivie et encouragée... Elles m'ont donné envie de réaliser ce deuxième livre.

Imprimé en U.E

Dépôt légal septembre 2013